حسام حمدان

شظايا

المملكة الأردنية الهاشمية

رقم الإيداع لدى دائرة المكتبة الوطنية

(2022/4/1768)

811.9

حمدان، حسام جميل - شظايا - حمدان حسام جميل - جفرا

ناشرون وموزعون المؤلف، 2022

ر.إ.: (2022/4/1768)

ردمك: 8 - 13 - 793 - 9923 - 978

الواصفات: / النصوص الأدبية // الخواطر الأدبية // الأدب

العربي - العصر الحديث

جفرا ناشرون وموزعون

عمان -الاردن

تلفون : 00962781332881 - مراد سارة

ايميل : muradsarah01@gmail.com

شظايا

حسام حمدان

الاهداء

اهدي هذا الكتاب الى والدي ووالدتي .....

اخواتي واخواني ..

الاهل والاصدقاء ..اينما كانوا والى قرية كفر راعي ومدينة

بوسطن بامريكا باتاحة الفرصه

والمجال للعيش وكسب الخبرة

خالص الشكر والامتنان للأخ مراد وشركاه على التوثيق

واعداد وطبع ونشر هذا الكتاب

تحياتي

حسام حمدان

تَعَايُشْ

أَبْحَثُ عَنْ كَلِمات تُعَبِّرُ عَنْ خَاطِري
قَلَمٌ بَيْنَ أَصَابِعُ يَدي جَاهِزي
بِخَرْبِش وَيْخَرْبِش عَصْفُور بِقَشِّشْ
عَرُفَّاع مِدَلَّى أَلْعِشْ بَيْنَ أَغْصَانَهْ مِخَبَّى
عَمِّدَةْ إِيدَي حَياةُ أَنِيسٍ بِجِواري
لَهُ بَيْتُهْ وَلي بَيتي ...
هُوَ يُغَرِّدْ وَقَلَمي بِفَرْفِش
٢٠٢٢/٦/٣

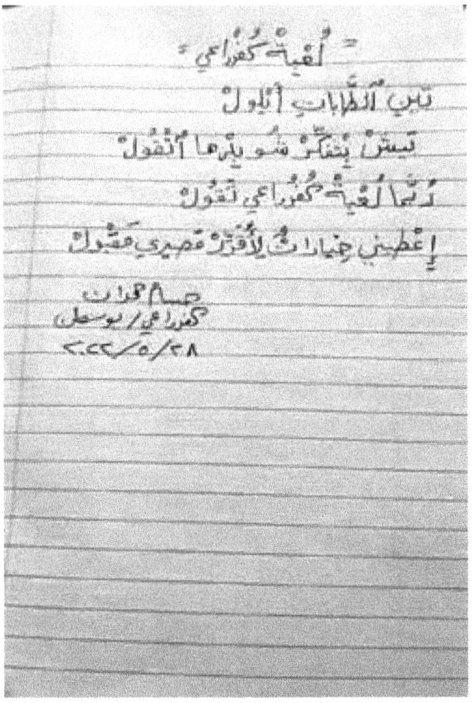

لُعْبةْ كُفْرراعِي
بَين الطَّابات أَيْلولْ
بَيِشْ بِتْفَكِّرْ شَو بدّها اتْقُولْ
رُبَّما لُعْبهْ...كُفُر راعِي تَقُولْ
إعْطيني خِياراتُ لأقَرِّرْ مَصيري مَقْبولْ
٢٠٢٢/٥/٢٨

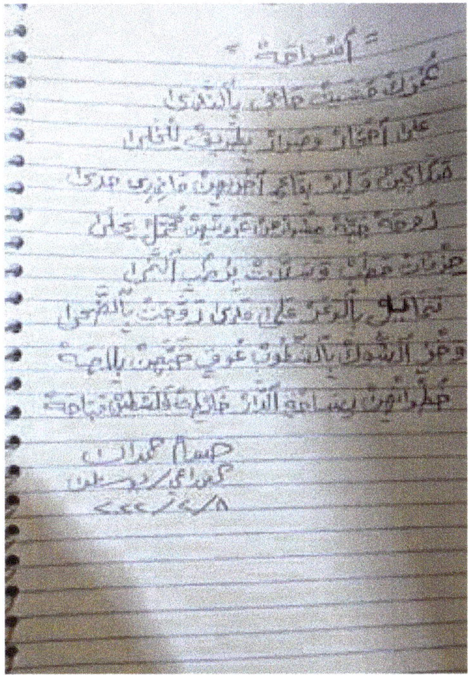

اسراحه

عُمْرَك مَشَيتْ حَافِ بالنَّدى

عَلى أَحْجَارْ وَصَرَارْ بطَريقْ للْخَلى

سَكَاكِينْ وَابَرْ بقَاعْ اجْريهِنْ مَادري حَدى

رُوَحهْ جَيِّهْ مِشْوَارْهَنْ عَرُوسْهِنْ مُحَمَّلْ بحَلى

حِزْمَاتْ حَطَبْ وَسَلَّاتْ برُطَبْ النَّمى

تَتَمَايَلْ بالْوَعِرْ عَلَى مَدَى رَوَّحَتْ بالضَّحى

وَخَزْ الشُّوكْ بالشَّطوبْ عُوقْ خَبَّصِنْ بلاصهْ

خُطْواتِهِنْ بِسَاحَةِ الدَّارْ خَارْطَةْ فَلَسْطِين مَبَّاحهْ ...

٢٠٢٢/٢/٨

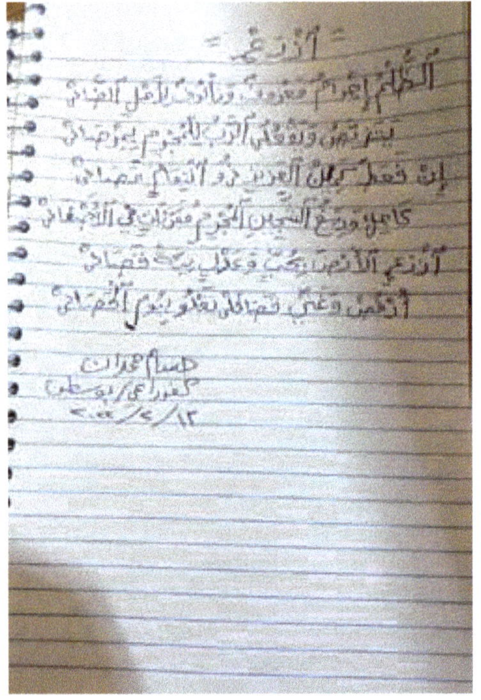

أزْرَع

الظُّلْمُ إجرامٌ مَعروفٌ وَمَألوفٌ لأَهل الضّادْ

يَتَرَبَّصُ وَيقْعُدُ الرَّبُ للمُجرم بمرْصادْ

إنْ فَعَطَ كمينُ العَزيزُ ذُو انْتِقامَ مِصادْ

كا حلِ وَرسْغُ الشَّجينِ المُجرم مُقَرَّناتٍ في الأصْفادْ

أزْرَع الأَرْضَ بحُبُّ وَعَدْل نيّةْ قَصَادْ

أرقُصَ وَغنّي قَصائدْ تَعْلُوا بيومِ الحَصَادْ

٢٠٢٢/٢/١٢

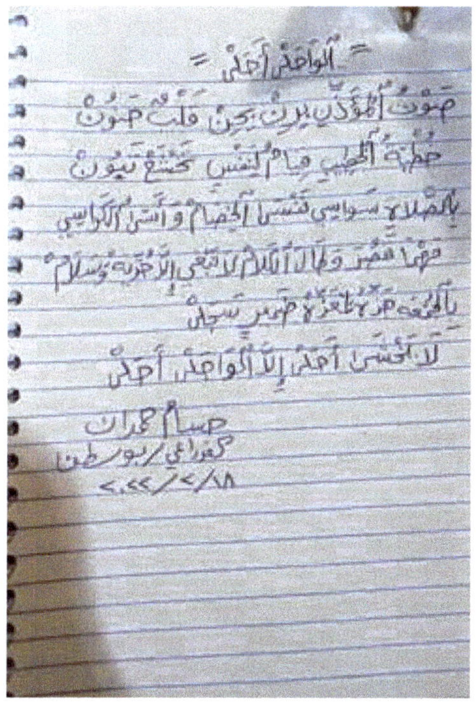

الوَاحد أَحَد

صَوْتُ المُؤَذِّن برنْ بحنْ قَلْبٌ حَنُونْ
خُطْبَةُ الخَطيب قيَامٌ لِنَفْس تَخْشَعْ تَبُونْ
بالصَّلاه سَواسي نَنْسَى الخِصَامْ وأَسى الكَراسي
مَهْما قَصُرَ وَطَالَ الكَلامْ لا نَبْغى إلّا حُرِّيَهْ وَسَلامْ
بالجُمْعَه هزّهْ لِمَعَزّةً ضَميرٍ سَجَدْ
لا يَخْشى أَحَدْ ...إلّا الوَاحَدْ أَحَدْ

٢٠٢٢/٣/١٨

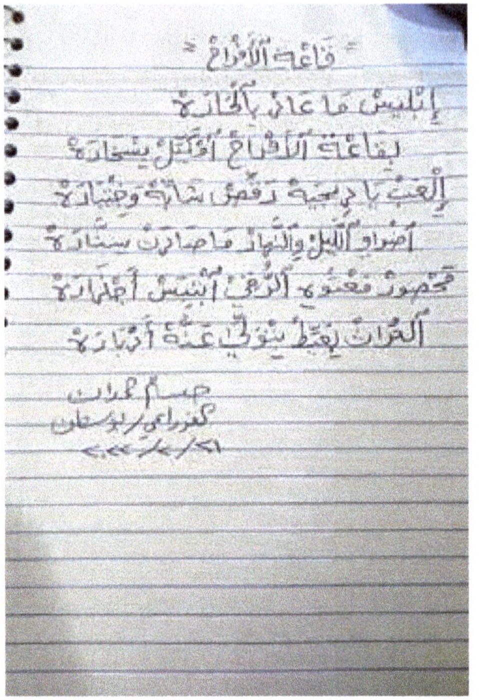

قَاعْة الأَفْراحْ

إبْليسْ ما عَادْ بالْحَاره
بقاعْة الأَفْراحْ امْكيّلْ بسْخَارهْ
إلعَبْ يَا ديجَيه ...رقُصْ شَابْهْ وَخْتيَارهْ
اضْواو اللَّيلْ وَالنَّهارْ ما صَادَتْ سنّارهْ
مَحصور مَعْتوه الرُّقيْ ابْتَبسْ أَجْذَارهْ
التُراثْ بعَيّطْ بتْوَلّي عَنّهْ أَدْبَارهْ
٢٢٠٢/٢/٢١

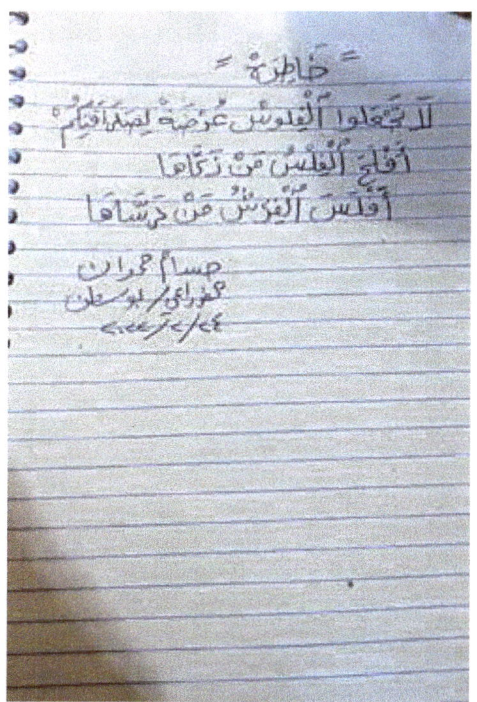

خَاطِرَهْ

لا تَجْعَلوا الفلوسْ عُرْضَةً لِصَداقَتِكُم

أفْلَحَ الفِلْسُ مَنْ زَكّاهَا

أَفْلَسَ القَرْشُ مَنْ دَسَّاهَا

٢٠٢٢/٢/٢٤

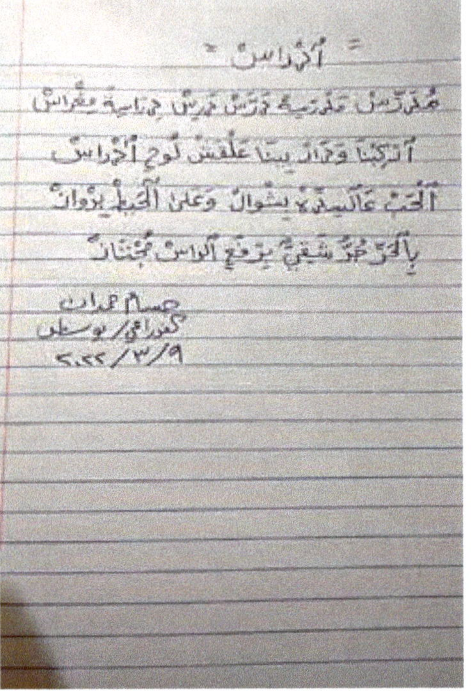

أدْراسْ

مُدَرِّسْ مَدْرَسهْ دَرَّسْ درسْ دِراسَة مغْراسْ
ارْكبْنا وَدَارْ بينَا عَلْقَشْ لَوح أدْراسْ
الحَبْ عَالسَّدّهْ بِشْوالْ وَعَلى الحَيطْ برْوازْ
بِالحَرّ حُرّ شَقِيّ برْفَع الرأسْ مُجْتَازْ
٢٠٢٢/٣/٩

غَضَبْ

أُنَاسٌ غَضَبُهَا طَفِشْ

بِأَطْرَافِها وَأَلْسِنَتْها تَرْفُسْ رَفْسْ

بِتْصِيَّحْ بِتْزَعْبِرْ تَزْقُرْ وَتَنْقُرْ تَغْرُشْ غَرِشْ

تَخْفِشْ وَتَصْفَعْ تَمِزْ تَنْتِشْ نَتِشْ

تَرْمي وَتَكْسِرْ تَقْذِفْ تَطْرُشْ طَرِشْ

عَالأَرْض كَزَازْ وَحُفَرْ بِجُدْرانْ أَلْغَامْ نَعِشْ

أُنَاسٌ غَضَبُها سُكُوتْ فِداءْ كَبِشْ

تَمْشي بِاسْتِغْفارْ لِجامْ لأَبْغَضِ الأَصْواتِ بَئِسْ

٢٠٢٢/٣/٥

لَعْتبه

بالوجِي شغُوبْ....وبالكَفى لَعُوبْ
إلْقِي الشَّعُوبْ وَذرُي بالْهَوَى الدَّعُوبْ
عَلْمفْرَشْ وَرَقْ وَزوانْ وَحبُوبْ
خَلِّينَا الزَّوانْ عَلَى الأَرْضْ واتْصَفِّينَا مَع الْغُروبْ
الوَرَقْ كِيشهْ لَبَّدْنَاهَا بخِيشهْ لْمَدوَّرْ مَطْلوبْ
وَقُودْ لَطْبونْ نَارهْ بتْوَلَّع بتْشبْ الدَّخنهْ غيُوبْ
حِبُوبْ الحبُوبْ بشْوالْ أَبُو خَطّ أَحمَرْ سَواعَدْ قرُوبْ
عَظَهْرهْ حِصانْ عُرْفانْ لَعَتَبَهْ مَوْهُوبْ
٢٠٢٢/٣/١٠

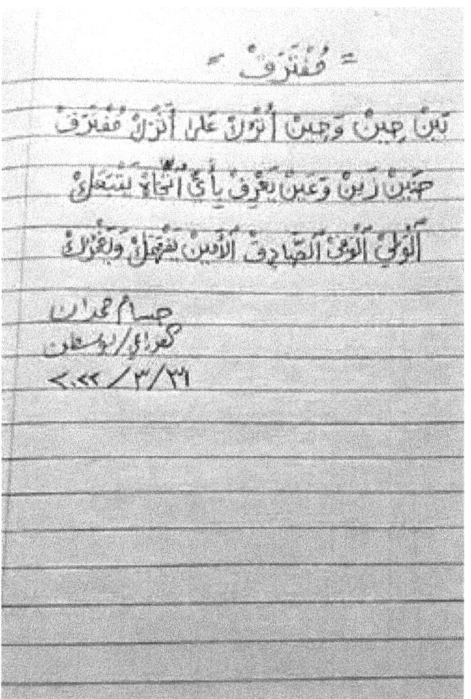

مُفْتَرَقْ

بَيْن حِينْ وَحِينْ اتْرُكْ على اثَرَكْ مُفْتَرَقْ
حَنينْ زَيْن وَعَيْن يَعْرِفْ بِأيِّ اتِّجَاهْ يَتْبَعَكْ
الوَلْي الْوَفِيّ الصَّادِقْ الأَمِينْ يَفْهَمَكْ وَيَغْمُرَكْ
٢٠٢٢/٣/٣١

حَمائِمْ

شَبابٌ ضَحَّتْ تُضَحّي بِريعَان الوَرْدْ

فَتَّحَتْ تَتَفَتَّحُ بَسْماتِهمْ امْبارحْ واليَوُمْ والغَدْ

شَئيمٌ لَئيمٌ بِغَيْظٍ وغِيٍّ تَقْتَنِصَهُمْ بِعَمْدْ

حَرْبُ المُتَّفقينَ عَلَيْهِمْ بِمُبَرِّر ناقِصِ الأَخْلاقِ والوَعْدْ

لَنْ يُوَبِّخَ الحَرُّ ...غَاصِبٌ مُعْتادٌ بِكَيْدْ

تَبْرُمُ حَمائِمْ وَبالزَّجَلِ تُروِّدُ لوَطنٍ مُسْتَقِلٍ بِجَدْ

٢٠٢٢/٤/١٦

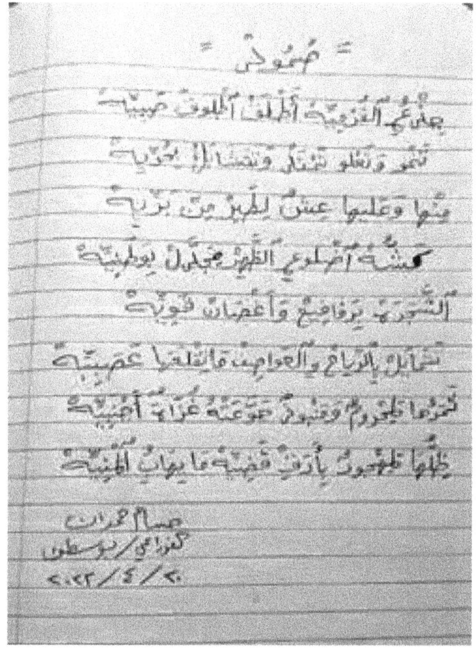

صُمُودْ

جِذْعُ القُرْمِيِّه أَطْلَقْ اطلوقْ صَبِيَّهْ

تَنْمو وَتَعلوا تَمْتَدُ وَتَتَشابَكُ بحُرِيهْ

مِنها وَعَليها عشٌّ لِطيرٍ من بَرِّيهْ

كَشُهْ اضلوع الظَّهرْ مجدَّلْ بوطَنيَّهْ

الشَّجرَهْ بِرَفافيعَ وأَغْصانَ قويَّهْ

تَتَمايَلْ بالرِّياحِ والعَواصفْ ما تقْلَعَها عصبيه

ثَمَرُها لمَحرومٌ ومنبوذَ جوَّعَتهُ غُزاةٌ أَجْنَبيَّهْ

ظِلُّها لمَهجورْ بِأرقٍ قَضيَّهْ ما يِهابْ المَنيَهْ

٢٠ / ٤ / ٢٠٢٢

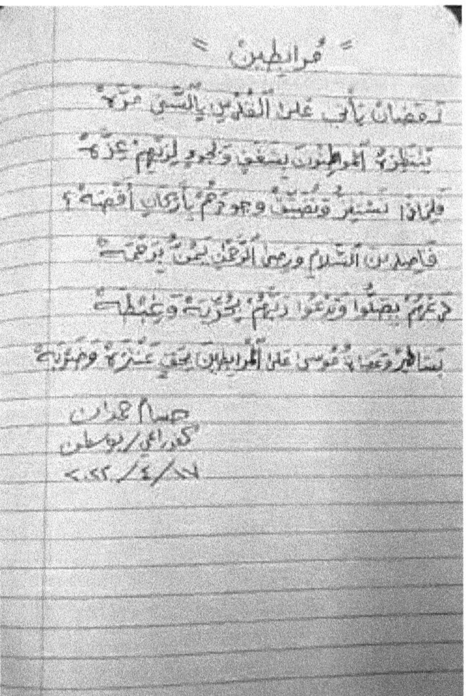

مُرابِطين

رَمَضانْ يَأْتي على القُدْس بالسَّني مَرَّة
يَنْتَظِرُهُ المُواطِنونْ بشَغَف وَلجوءِ لرَبِّهِمْ عِزُّه
فَلماذا تَسْتَفِزُّ وَتُضَيِّقْ وجودَهُمْ بأرْكانِ أقْصه
قاصِدينَ السَّلام ورِضى الرَّحْمن يَمُنُّ بِرَحْمَه
دَعْهُمْ يصَلُّو ويَدْعُوا رَبَّهُمْ بِحُرِّيَهْ وَغِبْطَهْ
بَساطيرْوعَصاةً مُوسى عَلى المُرابِطينَ بِحَقِ عَنْتَرَهْ وَضَرْبَهْ
٢٠٢٢/٤/١٧

دَاليهْ

لدَاليهْ وَأغْصانْ مُتَشابكهْ كُنَّا ندُومحْ
ثمَارْ عَجر وقُطوف حُصرُمْ مدَليَهْ اليُومْ ومْبَارحْ
مَشينَا وَقعَدْنا بظلهنْ نَسرَحْ ونْصَارحْ
جايْ ورَايحْ غَربلْنَا اعرفْنَا صَالحْ وَطالحْ
ادَّلْ يا امْدَلّل طَاح الحُبّ طَايحْ
رِطبْ ومْحَلَّى بَينْ إيدَيكْ نَعيمْ بَايحْ
الدَّاليهْ لمَّتْنا جَوارحْ جَوانحْ
وِدْ...وإحسانْ...لْنَا مَسْرَحْ وَمَناصحْ
٢٠٢٢/٢/٣

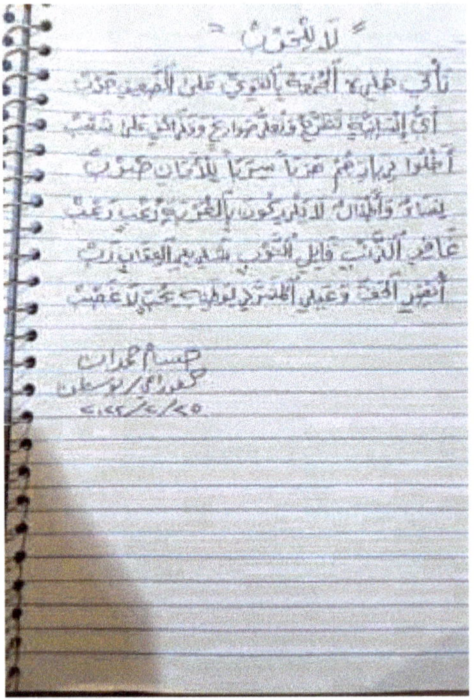

لَا لِلْحَرْبْ

تَأْتِي هَذِه الجُمْعَهْ بِالقوي عَلى الضَّعيف حَرْبْ
أَيُّ إِنْسَانِيَّه تَتَفَرَّجُ وَتُعَدُّ صَواريخْ وَقَذَائِفَ عَلى شَعْبْ
أَخْلُوا دِيارَهُمْ هَرَبًا سِرْبًا لَلْأَمَان ضَرْبْ
نِسَاءٌ وَأَطْفَالٌ لَا يَدْرِكُونَ بِالغُرْبَة رُعِب رَعْبْ
غَافِر الذَّنْب قَابِل التَّوْب شَديد العِقَاب رَبْ
أُنصِر الَحَقّ وَعِيد المُشَرِّد لَوَطنِه بِحُبٍّ لَا غَصْبْ
كفر راعي

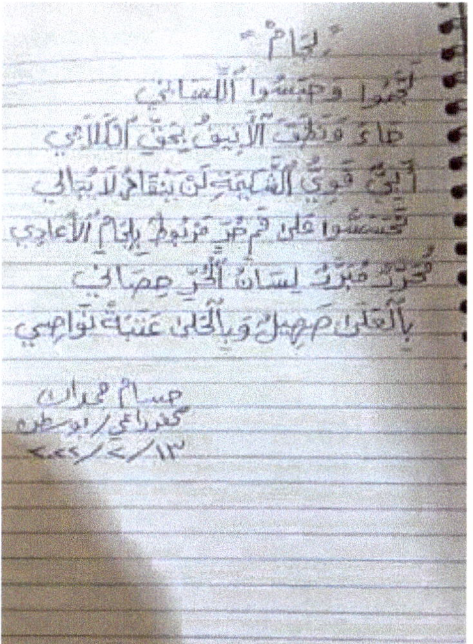

لِجَامْ

لَجَمُوا وَحَبَسُوا اللِّسَانِي
جَاءَ وَنطق الأَنيفُ بِحَق الكَلَامِي
أبيٌّ قَويُّ الشَّكِيمَة لَنْ يَنْقَادُ لا يُبَالِي
تَحَسَّسُوا عَلى فَم حُرٍّ مَربوطٌ بِلِجَام الأَعادي
مُحَرَّرْ مُبَرَّرٌ لِسَانُ الحُرِّ حِصَانِي
بِالعَلَى صَهِيلٌ وَبِالحَلَى عَتَبَةْ نَواصِي

٢٠٢٢/٢/١٣

لَوْحَه

كَانَتْ بِالمَحَلّ مَرْمِيّهْ
لَوْحَهْ مَائِيّهْ مَرْسُومهْ بِأَلْوانْ زَيْتِيّهْ
عَلّقْتَها على حِيطِي صارَتْ مَعْنِيّهْ
بَنْظُرْها صُبْحِيّهْ وَعَشِيّهْ بْشُوفْ سَلّمْ وَعَلِيّهْ
عَمْيّهْ بْتِحْفُفْ مَجْنُونهْ الخَلْطهْ شَجِيّهْ
فَرَاشِةْ فَنّانْ ابْتِقْيَعْ بُقَعْ بقضِيّهْ
لا تَتَعَجْرَفْ عَلَوْحة فَنّانْ سِمَة غَبِيّهْ
رُوحُهْ وَدَمّهْ سَرَيانْ أَلْوانْ لإِنْسانِيّةْ

٢٠٢٢/٣/٤

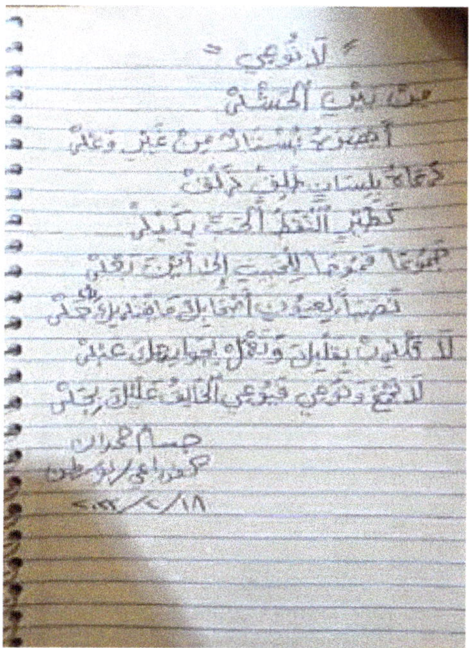

لا تُوعي

مِنْ بَيْنِ الحَشْدْ

أَبْصَرَهُ بُسْتارُ مِنْ غَيْرِ وَعْدْ

دَعاهُ بِلِسانٍ طَلِقٍ زَلِقْ

كَطَيْرٍ الْتَقَط الحَبَّ بِكَيْدْ

جُموعاً قَموحاً لِلْخَبيثِ ....إلى أينَ بَعْدْ

نَصْباً لِعيوُن أَصْحابِك ما يفْتَديك حَدْ

لاتَكْذبْ بِقَلْبِك وَتَعْمَلْ بِجِوارِحَك عَبْدْ

لاتَجمَعْ وَتُوعي فيُوعي الخَالِقُ عَلَيْك بِجَدّ

٢٠٢٢/٢/١٨

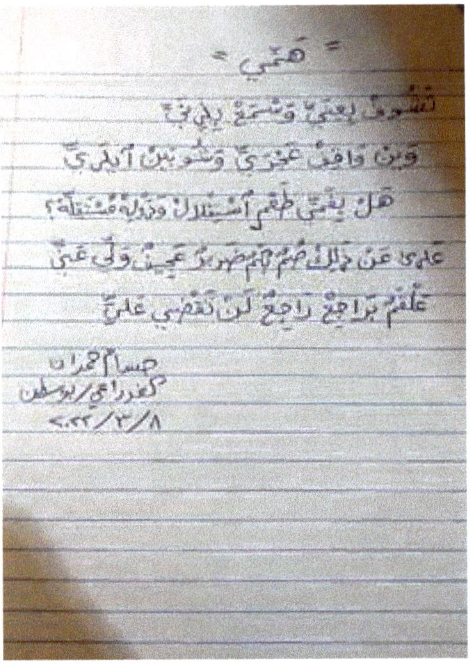
= همّي =
تشوف بعيني وسمع بذني
وين واقف عجزي وشو بين ايدي
هل بفمي طعم استقلال ودوله مستقله؟
عدى عن ذلك صم بكم ضرير عجيف ولي عني
علقم براجع راجع لن تقضي علي
حسام عمران
كفرراعي/ فلسطين
٨/٣/٢٠٢٢

همّي

تَشُوفْ بعينَيٍّ وَسْمَعْ بذنَيٍّ
وَينْ وَاقفْ عَجْزَيٍّ وَشُو بَيَنْ ايدَيٍّ
هَلْ بفمّي طَعْم اسْتقْلالْ وَدَوْله مُسْتَقلّهْ؟
عَدى عَنْ ذَلكْ صُمٌ بُكْمٌ ضَريرٌ عَجيفٌ وَلّي عَنّي
عَلْقَمٌ بَراجِعْ رَاجِعْ لَنْ تَقْضي عَليٍّ

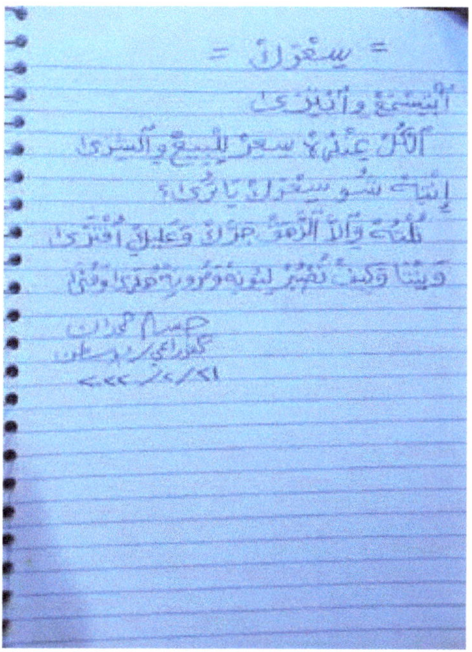

سِعْرَك

ابْتِسْمَعْ وابْترَى الْكُلْ عنْدُه سِعرْ لِلْبيعْ وِالشِرى
انْتَه شُو سِعْرَك يَا تُرَى ؟
نُلْتُه والَّا الزَّهَقْ جَرَّك وَعليك افْتَرَى
وينتا وَكيفْ تُصْبُرْ لِيُونْه وَمُرونْه هُدَى وَمُنى

٢٠٢٢/٢/٢١

مُخْتَارْ

فَرْقَعْ بُشَارْ

بِالزَّرِفْ بِالقُبْعَهْ عَطَاوْلهْ حُضَّارْ

عَالْكَنَبْ مُخْتَارْ

حَفْنهْ وَكِلْمهْ مِنْ هُوْنْ وَهُوْنْ نَغْمةْ اشْعَارْ

امْجَنْزَرْ مُنْشَارْ

حَيْقُصُّوا شَجَرْ يِتْعَرَّى دَرَجْ تِهِجْ عَصَافِيرْ دَارْ

صِنِيّةْ خُضَّارْ

اتْفَضَّلْ اخْتَارْ حَلّي ثَمَّكْ سِبِرْنَا نِوّارْ اثْمَارْ

مَقْطَعْ اخْبَارْ

فَرْقَعْ الّليْلْ بِنْهَارْ وَبِجِيبهْ قُنْبَازُهْ مُخْتَارْ قَرَارْ

٢٠٢٢/٢/٢٦

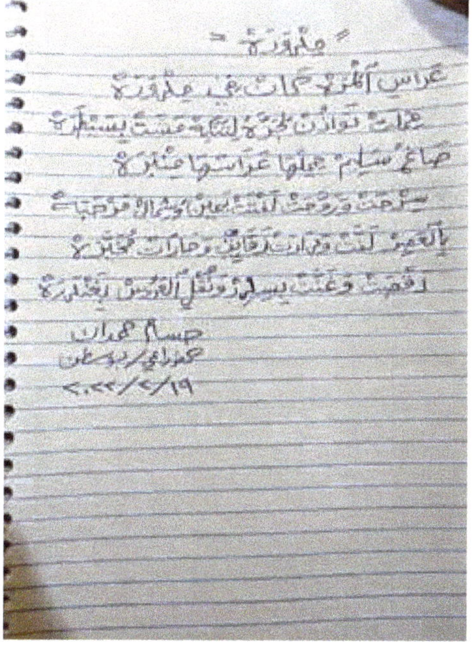

مدْوَرَه

عَراس الْمَرَه كَانْ في مدْوَرَه
عِمْلَتْ تَوازُنْ لِجَرُّه لَتْنَكَّه مَشَتْ بِسَيْطَرَه
صَاغْ سَلِيمْ حِمِلْهَا عَراسِهَا مِنْبَرَه
سِرْحَتْ وَرَوَّحَتْ لَفَتَتْ يَمِينْ وَشِمَالْ مَرْحَبَه
بِالْعَصِرْ لَفَّتْ وَدَارَتْ زَقَايْق وَحَارَاتْ مُخَيَّرَه
رَقْصَتْ وَغَنَّتْ بِسَدِرْ وَنُقِّل الْعَرُوسْ بِغَنْدَرَه
٢٠٢٢/٢/١٩

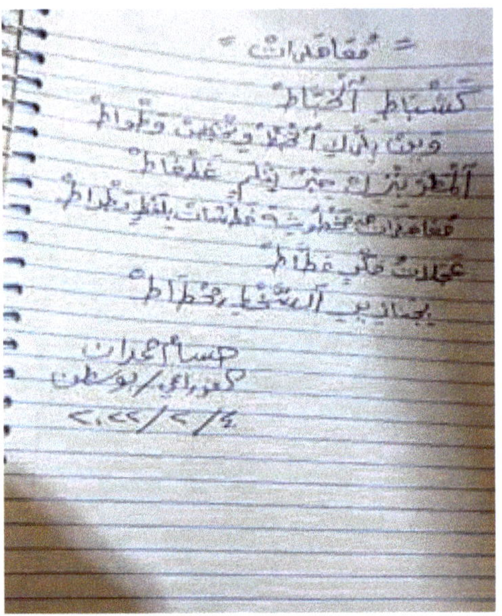

مُعَاهَداتْ

كَشْبَاطْ الْخَبَّاطْ

وَينْ بدَّك ا تْخَبَّطْ وتْخَبّصْ وَطواطْ

الْمَطَرْ بِنْزِلْ حِبْرُ بقَلَم غَطْغَاطْ

مُعَاهَدَاتْ مَخْطُوشَهْ خَطْشَاتْ بلَفْظْ رَطْراطْ

عَجِلَاتْ مَكْر مَطَّاطْ

بِجَنازِير السَّخْطْ مِحْطَاطْ

حسام حمدان

كفرراعي / بوسطن

٢٠٢٢/٢/٤

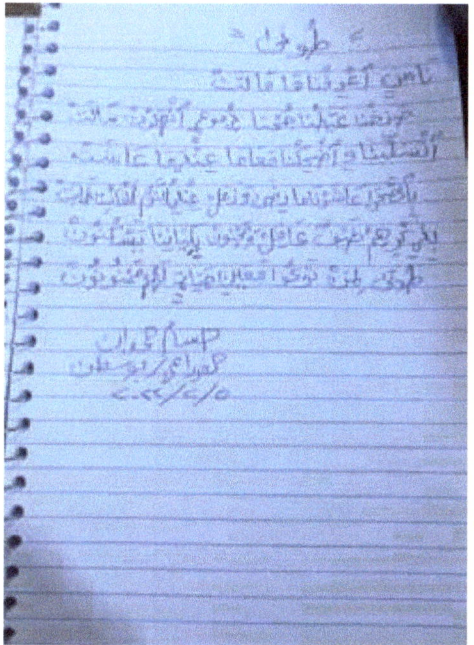

طوبى

ناس اعرفناها ماتت :

صرخنا عيَّطنا جُحْنا دمُوع انْهَمْرَتْ سَالَتْ

اتْسَلِّيْنَا واضْحكْنَا مَعَاهَا عَنْدَمَا عَاشَتْ

بِالصَّحَى عَاشَرْنَاهَا رضَى وَزَعَلْ عَنْدَ النَّوْم انْفَاسنا طَابَتْ

بِذِكْرهمْ طَيْفْ عَاقِلْ وَمَجْنونْ بكِيَانَّا يَسْكُنُونْ

طُوبَى لِمَنْ تَرَكُوا مَعَين حَيَاة لَهُمْ مَمْنُونُونْ

حسام حمدان

كفرراعي / بوسطن

٢٠٢٢/٢/٥

يوم المرأة

اليُومْ يُومْ حَوّى

طلْعَتْ مِنْ ضِلْع ادَمْ خَاصْ مَنْ سَوّى

عمْرَتْ بيُوتْ واتْعَدّدَتْ شعُوبْ الكُونْ امْلّى

سترْ مِنَ النّارْ سَيّدَةْ بحُريّة واخْتيارْ تتعَلّى

تَحْتَ قَدَميهَا جَنّةْ امّ الحيَاة تَشْقى وَتِسْتنّى

يَلّى نِرْضِي ونْراضِيهَا وعْنْها مَا نِتْخَلّى

حسام حمدان

كفرراعي/بوسطن

٢٠٢٢/٣/٨

هَوِيَّه

اهلِينْ بهَا الطّلَّه
خَيَّمْ عَلينَا الشُّوقْ بمَظَلَّهْ
نَعَمْ نَعْمينْ لَنَا كِيَانْ وَطَنْ بهَوِيَّهْ
بغَضِّ النَّظَرْ عَنِ النُّكْرَانْ والاقْتِرَاحَات اليَوْميَّهْ
يَنْزِلُ التَّارِيخُ مَطَراً صُبْحيَّهْ وَعَشيَّهْ
انْكَفَعَ القِمَاشْ وانْحَنَتْ اسلاكُ شَمْسِيَّهْ
يَتَوَحْوَحُونْ وَيَنْبِلُونْ بهَبَّاتْ غيرْ شَرْعِيَّهْ
وَنَحْنُ بالوَلاءِ وَالصُّمود نُعَدِّلُ حَمْلَ الشَّمْسِيَّهْ

حسام حمدان

كفرراعي / بوسطن

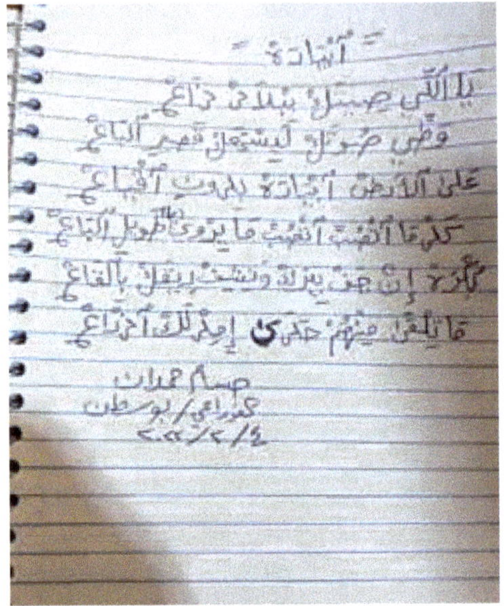

ابْيَارْه

يا اللِّي صيتَكْ بِبْلاَدْ ذَاعْ

وَطِّي صُوتَكْ لِيسْمَعَكْ قَصير الباعْ

عَلى الارَضْ ابْيَارَة بدون اقْياعْ

كَدْ مَا اتْصُبّ اتْصُبْ ما يِرْوِي طَويل الباعْ

بُكْرَه ان جَفْ بِيرَكْ وَنشِفْ ريقَكْ بِالقَاعْ

مَا تِلْقَى مِنْهُمْ حَدَى امَدْلَكْ اذرَاعْ

حسام حمدان

كفرراعي / بوسطن

٢٠٢٢/٢/٤

شَظَايَا

نَظَرَ الى نَفْسه بعيُون النّاس مَرَايَا

حَدَّقَ انْعَكَسْت حَدَّقْ سَقَطَتْ تَبَعْثَرَتْ شَظَايَا

لَمْلَمَ يُلَمْلِمْ لْلْحَنى شطارا

وجهُ المَشيب خَارطةٌ لعبُور زَمَانا

مَخْبىءٌ لخبرات واسْرار التّجاعيدُ حَنَايَا وَثنَايَا

أرق اللّيَالي اكْياسٌ تَحْتَ الْعيُون ظَلاَمَا

تَدَلَّتْ عَلى الوَجْدَين ثقيلةٌ حمَالَا

وَجهُ الشّبَاب نَضيرٌ ورَطْبٌ فَيْه سَرَاحا

شَيْبُ شبَابُ التّقَى وَتَصَافحى بِظْلِ كَسَرَ مَرَايَا

حسام حمدان

كفرراعي / بوسطن

٢٠٢٢ / ٢ / ١٩

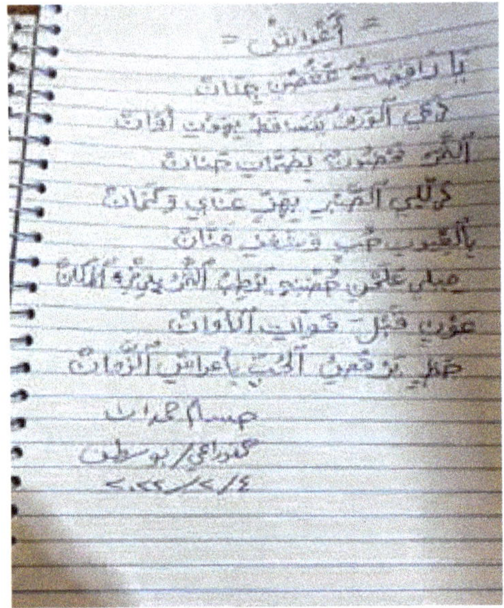

اعْراشْ
يَا رَاقِصَةُ عَغْصِن جِنَانْ
دَعي الوَرَقُ يَتَساقَطُ بهَوْن اوانْ
الثَّمَرُ مَحْضُونٌ بِضَمَّات حَنَانْ
دَلِّي الصَّبر بهَزَّ عَنَاي وَكمَانْ
بالعُيون حُب وَشَغف فَنَّانْ
مِيلي عَلَحْن حُضْنه يَرْطبُ الثَّمَرُ يدفْىء المَكانْ
عَوْن قَبْل فَوَات الاوَانْ
حَظ يَرْقصُ الحُبّ بِاعراشْ الزَّمانْ

حسام حمدان

كفرراعي / بوسطن

٢٠٢٢/٢/٤

بالدُّنْيا

رُكَبْ وَوُقوُفْ انَّها دُنْيَا بِثَلاثَةْ حُروفْ

طَاعَهْ وَعنَادْ تَرْبِيهْ وَمُسْلَخَةْ خَروفْ

اناَسْ لَهَا شَحْمٌ وَلَحْمٌ وَوَبَرْ صُوفْ

وَناَسْ لَهَا فَضَلاتٌ وَعَظْمٌ ابْتِسْتَنَّى بِتْشُوفْ

قَليلُ العِلْم ضَعِيفُ الفَهْم ضَيِّقُ العَطَنْ

انَّ منَ البَيَان لَسِحْراً وَلُوجاً للفِتَنْ

لَا ناَرٌ وَكَلْبٌ لَا بِرٌّ وَمَعْروفٌ باطْرافه لِمُعْتَدَنْ

غَامِضُ النَّفْسِ ناَكِسُ الرَّأسِ زَمِرُ المُرُوئَة عَفَنْ

حسام حمدان

كفرراعي/بوسطن

٢٠٢٢/٢/٢٣

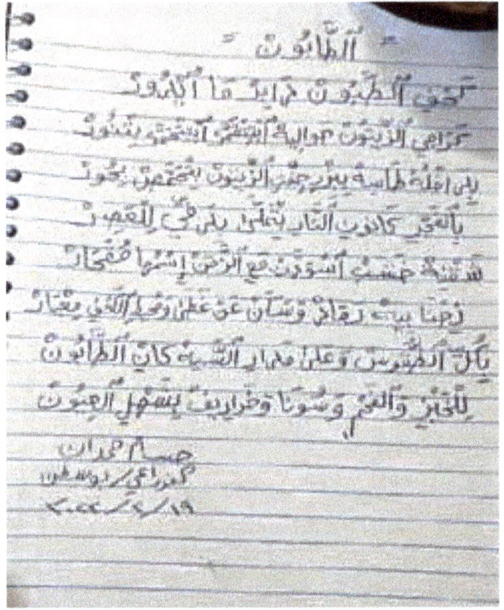

الطَّابُونْ

كَحْف الطّبُونْ دَايِرْ مَا ايْدُورْ

كَرامي الزِّيتُونْ حَواليهْ ابْتِتْقَمَّرْ ابْتِتْحَمَّرْ بِتْنورْ

بْداخْلَهْ طَاسهْ بِبِزْر جِفْت الزَّيتونْ بِتْحَمَّصْ بْحُورْ

بالفَجْر كانون النَّار بِتْمَلَّى بِدَيِّ للعَصْرْ

شَقْفَةْ خَشَبْ اسْوَدَّتْ مَع الزَّمَنْ اسْمُها مُقْحارْ

زِحْنَا بيهْ رَقادْ وَسَكَنْ عَنْ غَطى وَمُحيط الكَحْف مِعْيَارْ

بكُلِّ الطّقوسْ وَعَلى مَدار السَّنهْ كانْ الطّابُونْ

لِلخُبْز وَالفَحْم وَسُوْنا وَخَراريفْ بِشَهْل العِيُونْ

حسام حمدان

٢٠٢٢/٢/١٩

عصيان
اخْص اخْتَشي
اَللي بِعدْهِنْ مش زَيِّ اللي تَحْتْ ضَرْبِهِنْ عُصي
اسْتِفْزازْ اسْتَبَيني
غلْ جنْوُنْ بِوَعي يَعْتَدي اسْتِقْصاصْ اسْتَنْفِري
لايَعْرِفْ عَنْ ذاتي بدَّه مِنّي عَلَيِّ حُكُمْ ذاتي
انْشطارْ اسْتَنْكِري
بِقْلَعْ بِهِدْ بعدِّ العْصْيانِ عُصي
٢٠٢٢/٣/١

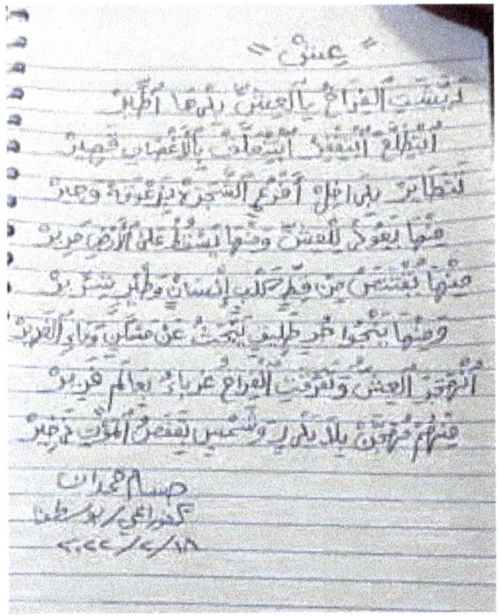

عش

رَيَّشَتْ الفِرَاخُ بالعشِّ بدْهَا أطيرْ
ابْتطَلَّع ابْتقْفِز ابْتتعَلَّقْ بالاغْصَان قَصيرْ
تَتَطايَرْ بِداخِلْ افْرُع الشَّجَرَة بِزَعْوقَهَ وَحيرْ
مِنْها يَعُودُ للعشِّ وَمِنْهَا يَسْقُطْ على الأرْض مَريرْ
مِنْها يُقْتَنَصُ مِنْ قِطِّ كَلْبِ انْسَانْ وَطَيْر شِرّيرْ
وَمِنْهَا يَنْجو حُر طَليقِ يَبْحثُ عَنْ مَسْكِنِ وَمَاءِ الغَديرْ

انْهَجَر العشُّ وَتَفَرَّقَت الفِراخُ غربَاءُ بِعالَم فَريرْ
مِنْهُمْ مُهجّنْ بِلَا بَدْرِ وَشَمْسِ بِقَفصُ المَوْت ذَخِيرْ

٢٠٢٢/٢/١٨

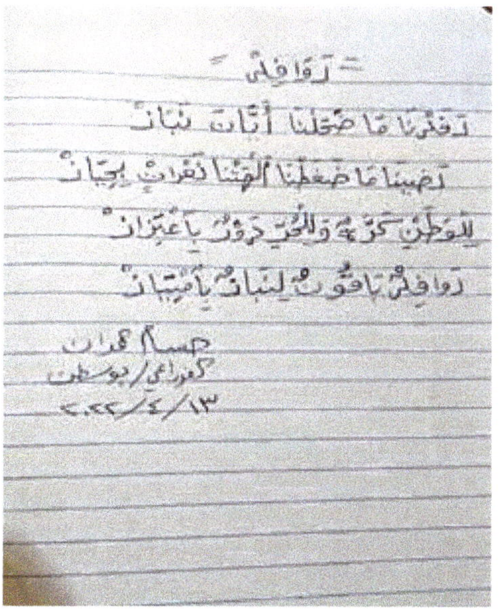

رَوَافِدْ

رِفَدْنَا مَا ضَحِلْنَا أَيَّان نَبَازْ

رَضِينَا مَا ضَغَطْنَا أَلْهَتْنا نَعْراتْ بِحيَازْ

لِلْوَطَن كَرَّةٌ وَلْلْحُرِّ دَوْرٌ باعْتِزَازْ

رَوَافِدْ باقُونٌ لِنَبَازْ بِإمْتِيَازْ

٢٠٢٢/٤/١٣

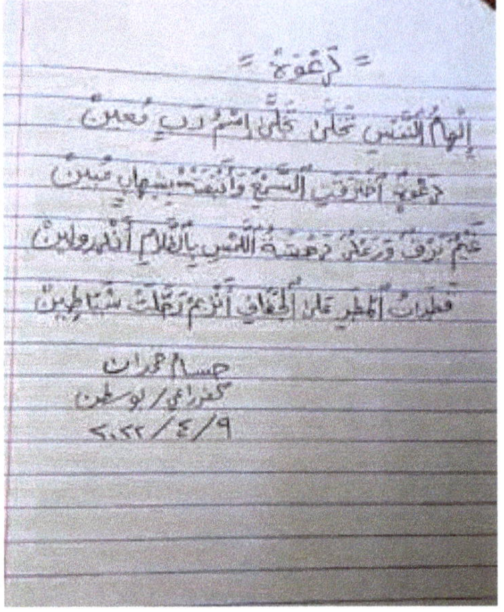

دعوة

الْهامُ النَّفْس تَحَلَّى تَجَلَّى إسْمُ رَب مُعينْ
دَعْوةٌ اخْتَرَقَتَ السَّمْعَ وَاتْبَعْتهُ بشهاب مُبينْ
غَيْمٌ بَرْقٌ وَرَعْدٌ دَهْشَةُ اللَّمْس بالظَّلام أُنْدرولينْ
قَطراتُ المَطر عَلى الجفَاف أُنْزيمْ رَحَلَتْ شيَاطينْ
٢٠٢٢/٤/٩

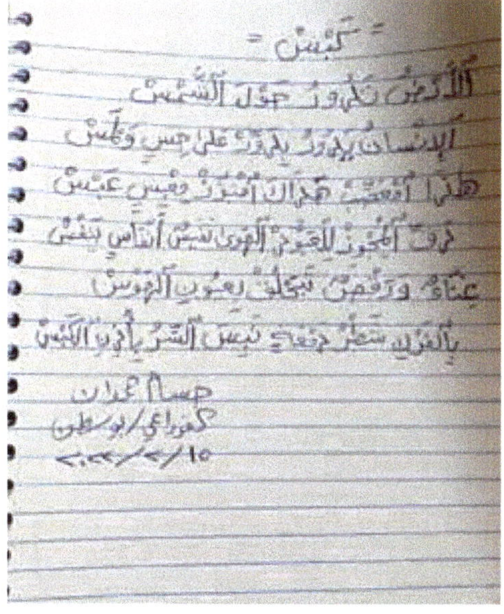

كَبْسْ

الأَرْضُ تَدُورُ حَوْلَ الشَّمْسْ

الإنْسانُ يَدُورُ بِدَوَرْ عَلى حِس وَلَمْس

هذَا آمْعَصِّبْ هذَاكَ آمْبَوِّزْ مَعْبِس عَبْسْ

دَقّ الْمَجْوِزْ لِلْعَبُّود الْهَوى نَفَيِسٌ أَنْفَاس بِنَفْسْ

غِنَاءٌ وَرَقْصْ تَبَحْلُقْ بِعيُون الْهَوَسْ

بِالْفَرْكِ شَطْرُ دَمْعَة نَبِسَ السُّرُ بِأُذن الكَبْسْ

كفر راعي ...بوسطن

١٥-٢-٢٠٢٢

سَتَائِرْ

منْ فَوْقِ الشَّبَابيك ادَّلَتْ وامْتَدَّتْ سَتَايِرْ

يَتَدَلَّلُ السِّتْر وَتَتَحَرَّرُ الْعين مِنْ نَظرات حَائِرْ

بأَعْلى الطَّوابِقْ تَتَعَّرى الشّبابيك لِخَارِقْ

يَتراقَصُ الهَوى وَيَلْمَعُ الشَّوْقُ بعيون مَارِقْ

عيُونُ الشَّياطين مَنْصوبَة عَجدار وَحَائِطْ

تَتَمَّرد على السِّتْر وَالحُرِّية لَتَسْتُر ظُلْم مُرَابِطْ

السَّتائر أنْواعْ وَالوانْ وَاحجامْ من مَخْلوقْ وَخَالِقْ

بِالوَجه وَالقَلْب وَبِالكَاميرا عيونٌ للسِّتْر وَالفَضيحة وَالسَّارِقْ

كفر راعي

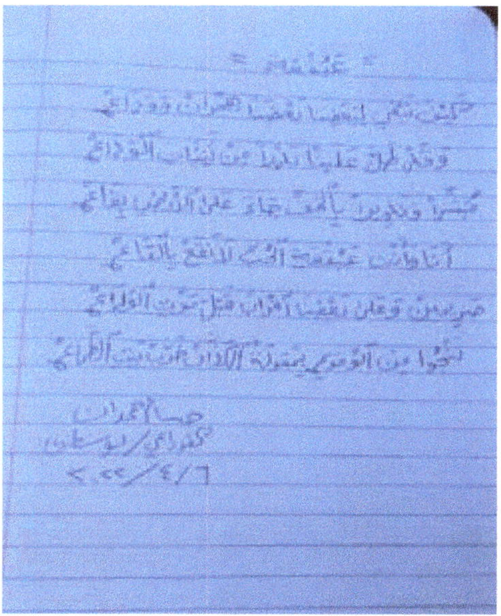

عَبْقَعَة

كَيْف نَبْغِي لِبَعْضِنَا بَعْضَنَا هِجْرانْ وَوَداعْ

وَقَدْ طَلَّ عَلَينَا بَدْراً مِنْ ثَنِيَّات الوَداعْ

مُبَشِّرًا وَنَذيراً بِالحَقِّ جَاءَ عَلى الأَرض بِقاعْ

أَنَا وَأَنْت عَبْقَعَة آلحُبّ لَا نَقَعْ بِالقَاعْ

صَريحين وَعَلى بَعْضِنَا اقْرابْ قَبْل مَوْت الوَداعْ

نَنَجُوا مِنَ الوُقوعِ بِمَقولَةْ الكَذَّابْ خَرَّبْ بَيتِ الطَّماعْ

كفر راعي

٦-٤-٢٠٢٢

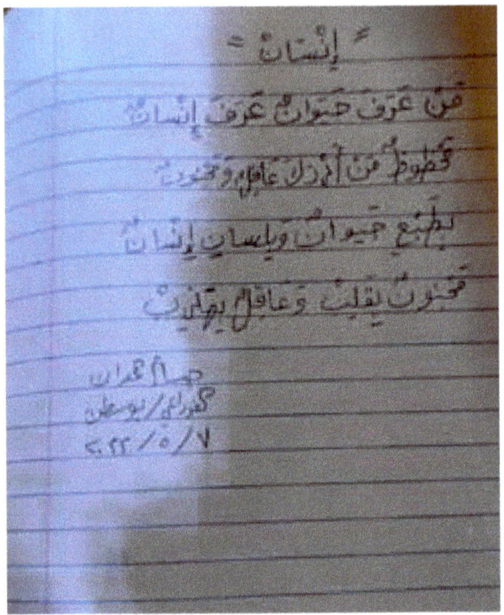

إِنْسَانْ

مَنْ عَرَفَ حَيَوانْ عَرَفَ إنْسانٌ

مَحْظُوظٌ مَنْ أَدْرَكَ عَاقِلٌ وَمَجْنونٌ

بطَبْعِ حَيوانٌ وبِلسانٌ إنْسانٌ

مَجْنونٌ بِقَلْبْ وَعَاقِلٌ بِهَذِبْ

حسام حمدان

كفر راعي

٢٠٢٢-٥-٧

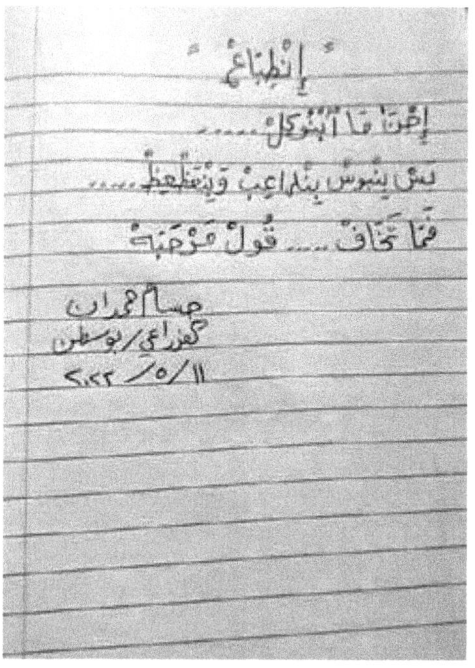

إنْطِباعْ
إحْنَا ما ابْنوكلْ
بَسْ بنْبوسْ بنْداعبْ وَبنْعَظعظْ
فَمَا تَخَافْ ...قُولْ مَرْحَبَهْ
٢٠٢٢/٥/١١

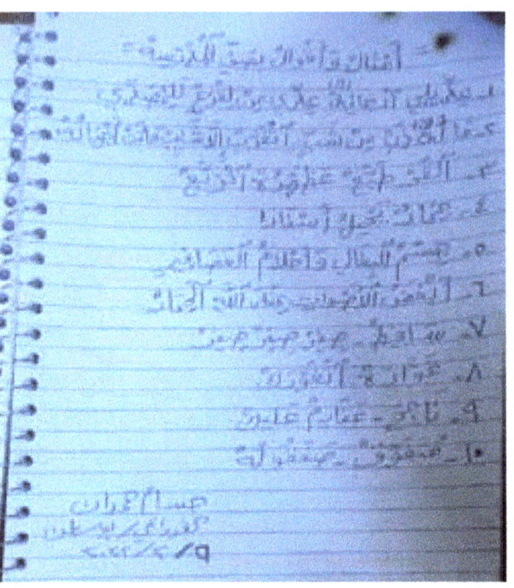

أمْثالٌ وَاقْوالٌ بصَفِّ المُدرَسهْ
عدِّيلي ارْجَالchـ...عدّي
مِنْ لقْرَعْ للمْصَدّي...
2...مَا أchـ...ذَبْ مَنْ شَبَّ اتْغَرَّبْ إلَّا شَايبْ مَاتَتْ أجْيَالهْ
3...القُرَ طبَّعْ عَظْهْرُهْ اتْرَبَّعْ
4...حمَارٌ يَحْملُ أسْفَارا
5...جسْمُ البْغَالِ وأحْلامُ العَصَافير
6...أبْغَضُ الأصْوات عنْدَ اللَّه الحمَارْ
7...سَاقطْ صفْرْ صفرْ صفرْ
8...غوَّارَهْ...اتْغوَّرَكْ...
9...نَاجحْ ...عَفَارمْ عَليكْ
10...مُتَفَوِّقْ ...صَفْقُولهْ
2022/2/9

بالعَتْمهْ

الْخَيط الأَبْيَض منَ الأَسْوَد تَبَيَّنْ

بالنّهَار غيرهْ مَنَّك وَغيرهْ عَليك

عَسْعَس الْلّيلُ وبالظّن تَزَيَّنْ

تَجَسُّسْ تَحَسُّسْ مَشْيَة عَروس رجْليك

خَروشهْ تَلَفَّتْ تلَعْثُمْ تَمَرَّنْ

بالعَتْمهْ الْعَسْعَسهْ نَظَرْ وَسعْدَكْ بَين إيدَيك

تَمَرَّنْ تَزَيَّنْ وَتَبَيَّنْ

الإحْتلالُ بغَارْ منّا

وِاحْنا بنْغَارْ عَليك

٢٠٢٢/٥/٢٦

سُؤَالْ

يَجُولُ السُّؤَالُ بِأَجواء النَّفْس جَوَّالْ
إِلْتَقَطَهُ الهَاجِسُ وَنَطَقَ البَالَ مَوَّالْ
الشَّكُ وَالظَّنُ أَمْواج تَتَراقَصُ بِأوْهام وَخَيالْ
الثِّقَهُ وَالإيمانُ بِأَمْواج النُّور حَيْلٌ وَاشْتِمالْ
السُّؤَالُ إِحْتِلالٌ عَلى سَبيل المِثالْ
مَا يَدورُ بِالنَّفْسِ لا يُدْرِكه إِلّا مَنْ عَاشَ تَحْتِ احْتِلالْ
٢٠٢٢/٤/٢٧

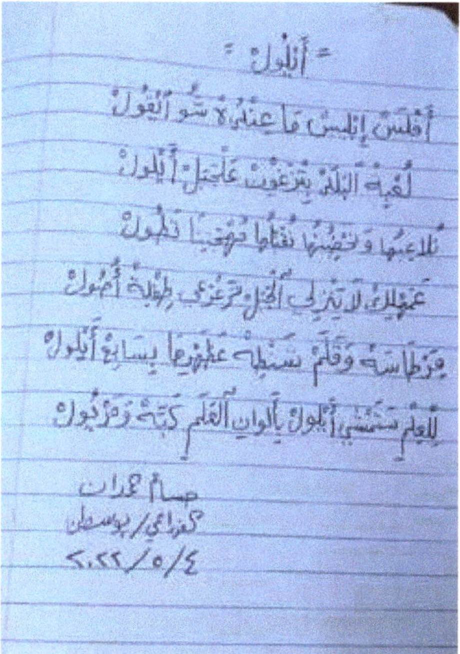

أَيْلُولْ

أَفْلَسْ إِبْليسْ مَاعِنْدُهْ شُو ايْقُولْ
لُعْبَة البَلَدْ بتِزغون عَلْجَبَلْ أَيْلولْ
نْلاعِبُها وَنَحْضِنُها نُقَبِّلُها مُهْجتنَا تَطُولْ
عَمَهْلِكْ لا تِنْزلي الْجَبَلْ تِرعْرَعي طِفْلهْ أُصُولْ
قِرْطاسَهْ وَقَلَمْ شَنْطهْ عَظْهْرها بْسَابعْ أَيْلولْ
لِلْعِلْمِ سَتَمْشي أَيْلولْ بِأَلوانِ الْعَلَمِ كَبّهْ وَمَرْيُولْ

٢٠٢٢/٥/٤

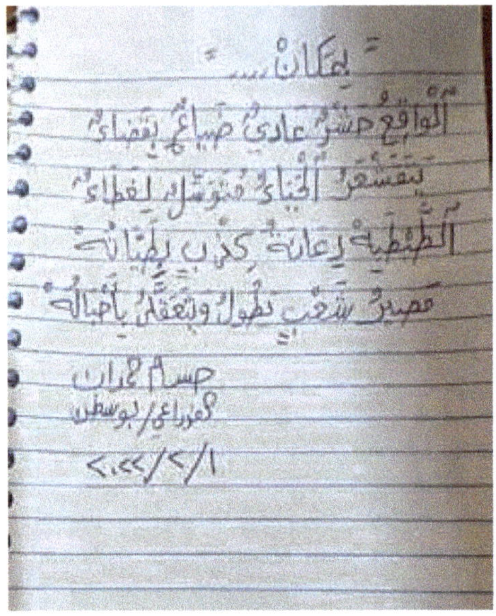

بِمَكانْ
الْواقِعُ حَشْرُ عَادِيّ ضَياعٌ بِقَضاءُ
يَتَقَشْعَرُ الحَياءُ مُتَوَسِّلٌ لِغْطاءُ
الطَّبْطَبه رِعانَةُ كذْب بِطَيّاتُهْ
مَصيرُ شَعْبِ يَطولُ وَيَتَعَقَّدُ بِأَحْبالُهْ
٢٠٢٢/٢/١

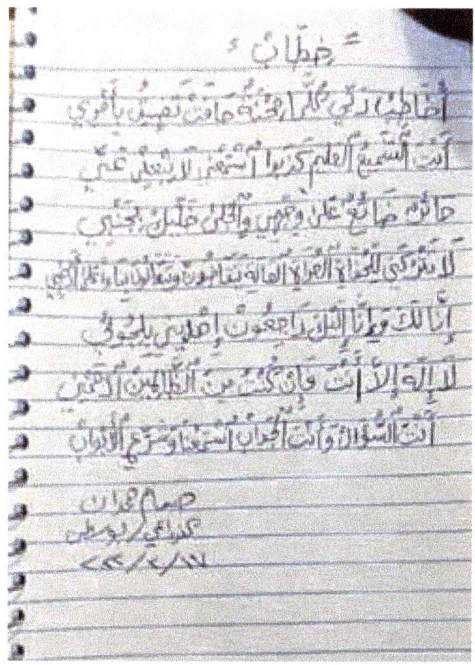

خِطَابْ

أُخَاطِبُ رَبِّي كُلَّما مِحْنَةٌ حَافَتْ تَضيقُ بِأَمْري
أَنْتَ السَّميعُ العَليمُ كَذَبوا ...اسْمَعْني لا تَبْعُدْ عَنِّي
حَائِرٌ ضَائِعٌ عَلى وَجهي والجِلى خَلِّيكَ بِجَنْبي
لا تَتْرُكَني لِلْحُفَاة العُرَاة العَالة يَتَقَاضُونْ وَيَتَعَالُونْ بِنَاءً عَلى أَرْضي
إِنَّا لَكَ وإِنَّا إِلَيْكَ رَاجِعُونْ إِهديني بِلجوئي
لا إِلَهَ إِلّا أَنْتَ فَإِنْ كُنْتُ مِنَ الظَّالِمينْ ارْحَمْني
أَنْتَ السُّؤَالُ وأَنْتَ الجَوابْ اسْمَعْنَا وَشَرِّعِ الأَبْوابْ

كفر راعي

٢٧-٢-٢٠٢٢

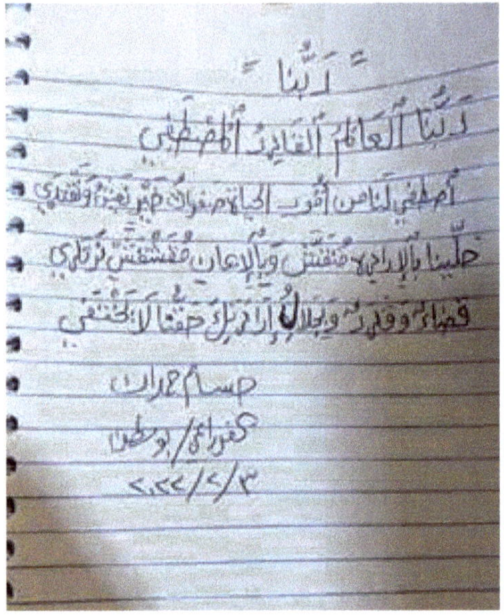

رَبُّنا
رَبُّنَا العَالِمُ القَادِرُ المُصطفي
اصطفي لَنا من أُمُور الحَياة صَفوات خَيْر نَعيشُ وَنَقْتَدي
حَلِّينا بالاراده مُنَقَّش وَبالايمان مُقَشْقَش...نَرتَدي
قَضاءٌ وَقَدَرٌ وَبِجلالِ إِرادَتكَ حَقُّنا لا يَخْتَفي
٢٠٢٢/٢/٣

احْمَارتْنَا

لُوْلَاcH...يَا احْمارتْنَا

مَا اقْدِرْنَا نُحْرُثْ وَنِزْرَعْ عَمَايرْنَا

الطُّرُقْ تُرابِيَه حَجَرِيَه ضَيِّقَهْ ذَايَقَتْنَا

مُنْخفضَهْ ملْتويهْ بَعيدهْ عَنْ قَرْيِتْنَا

لا تَرَكْتُوراتْ بتْرُلّاتْ وَلا جَّباتْ بحوزتْنَا

أنْتِي للأرْضْ وَسيلِتْنَا الوَحيدهْ لرُوحتْنَا وَجيِّتْنَا

على ظَهْركْ حَمَّلْنا المَيَّهْ والبذورْ

والاسْمدهْ وَغَلِّتْنا

بُكْساتْ الجرَنكْ واشوالاتْ اللوزْ والزِّيتونْ اخْراطتْنَا

مَشيتي ما شْتكِيتي ...اعتَدَلْتي لسَلامهْ ما حَملتي

عِشْنَا مَعاchواتغَذَّينا عَنْ صُوتch

رَأفِهْ وَحَنانْ وَدِّينا ch بيُومchأ

٢٠٢٢/٢/٦

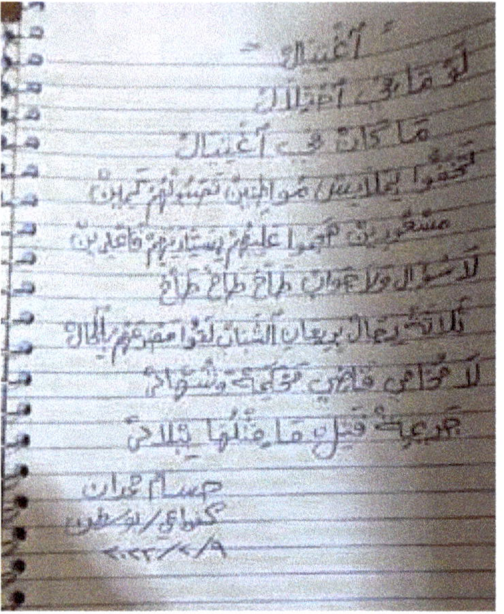

اغْتِيَالْ

لَوْ مَا فِي احْتِلَالْ

مَاكَانْ فِي اغْتِيَالْ

تَخَفُّوا بِمَلَابِسْ مُواطنِينْ نَصَبُولْهُمْ كَمِينْ

مَسْعُورِينْ هَجموا عَليهُمْ بِسَيَّارتِهِم قَاعْدِينْ

لا سُؤَال وَلا جَوَابْ طَاخْ

طَاخْ

طَاخْ

ثَلاثَةْ رِجَالْ بِرِيعَانِ الشَبَابْ لَقُوا مَصْرَعَهُمْ بِالحالْ

لا مُحَامِي قَاضِي مَحْكمِهْ وَشُهَّادْ

جَريمَةْ قَتِلْ ما مِثْلُهَا بِبْلادْ

٢٠٢٢/٢/٩

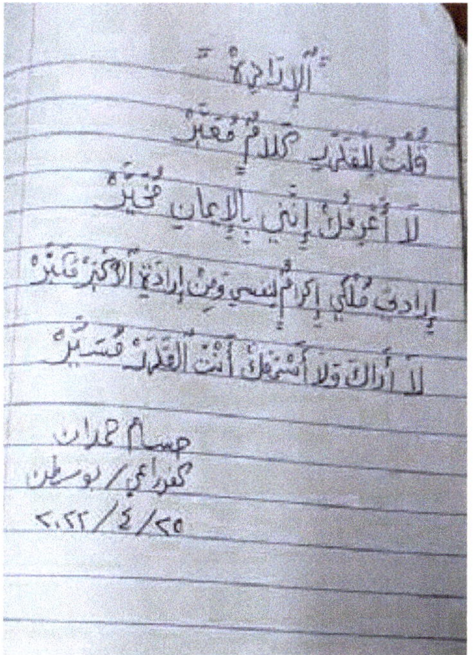

الارَادَهْ

قُلْتُ لِلْقَدَر كَلامٌ مُعَبَّر

لَا أَعْرِفُكَ إنَّني بالايمان مُخَيَّر

إرادتي مُلْكي إكرامٌ لِنفسي وَمِنْ إرادَة الأَكْبَرْ مُكَبَّر

لا أَراك وَلا أَسْمَعَك أنْتَ القَدَرْ مُسَيَّرْ

٢٠٢٢/٤/٢٥

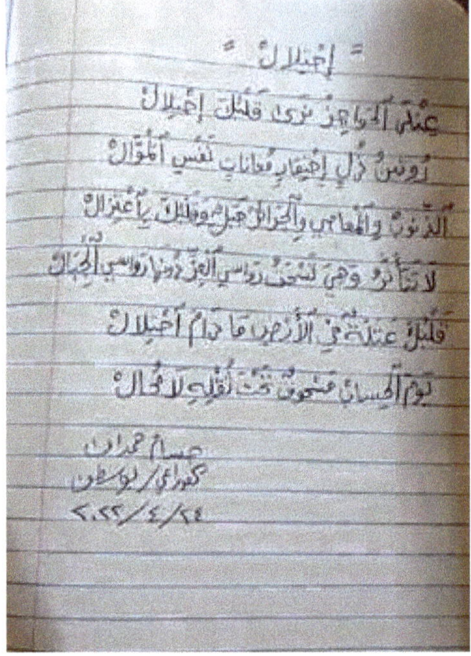

إحْتلالْ

عنْدَ الحَواجِزْ نَرى قَلْبُكَ احْتلالْ
رُوتينُ ذُل احْتقار مُعانات نَفْس المَوّالْ
الذُّنوبْ والمَعاصي والجَرائِرْ جَبَلْ وَقَلْبُكَ بِاعْتزالْ لا تَتَأثَّرُ وَهيَ تَسْحَقُ
رَواسي العِزُّ دُونَها رَواسي الجِبالْ
قَلْبُكَ عَتَلَةٌ في الأَرْض مَادَام احْتلالْ
يومَ الحِسابْ مَسْحوقٌ تَحْتَ ثُقْلِه لَامُحالْ
٢٠٢٢/٤/٢٤

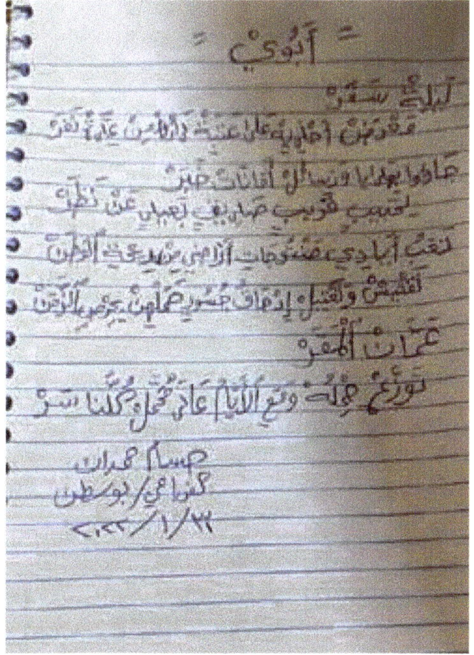

أَبُوْي

لَيلةْ سَفَرْ

مَعْرَضْ أحْذِيةْ عَلي عَتَبةْ دَارُنا مِنْ عدة نَفَرْ

جَاؤوا بِهَدايا وَرَسائِلْ أَمَانَاتْ خَبَرْ

لِحبيب قَرَيب صَديق بَعيد عَنْ نَظَرْ

تَعَبُ أيادي مَنْتُوجات أراضي مِنْ ريحة الوَطنْ

تَفْتيشْ وَتَعتِيلْ إرْهاقْ جُسُور حَمَلْهنْ بِحرْص الزَّمَنْ ..عَمَّانْ المَقَرْ

تَوزَّعْ حِملُهْ وَمَع الأيَّام عَادَ مُحَمَّلْ كُلَّنا سَرْ

٢٠٢٢/١/٣٠

عملك ميسور

إذا عملك ميسورا تذكر أن تعطي الأجير أجره قبل أن يجف عرقه.

بلاش تدخل بمفاوضات وأعذار لتأخر وتؤجل أجرة الأجير لانه تعب وعرق ولا يريد العراك. إدفع قبض (قبظ)

بلاش العرق من أرق العيب.

بجمعة ها الصيف الحراره عاليه، تجنب الخلاف

واحمد الرب واشكره يديم النعمه ويصد الحيف.

دامت جمعه مباركه بفت الجزادين من الحقانيين والأتقياء والمحسنين.

حسام حمدان

كفرراعي / بوسطن

٢٠٢٢/٨/٥

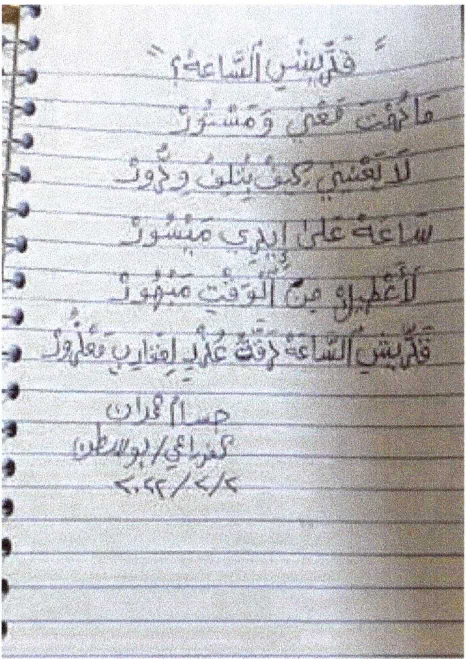

قديش الساعه؟

مَا دُمْتَ مَعْني وَمَسْتُورْ

لا يَعْنيني كيفْ بِتْلفْ ودُّورْ

سَاعَهْ عَلى ايدي مَيْسُورْ

لاعْطيك مِنَ الوَقْت مَبْهُورْ

قَدّيش السَّاعَهْ دَقَّةُ عُذْرٍ لِعَقاربَ مَعْذُورْ

٢٠٢٢/٢/٢

عِنْد الجَدْ
الكُلْ لَهُ
إبْريقْ بِالبيت العَتيقْ
مَالنا صَديقْ وَلا مينْ إبلِّ الرُّيقْ
عزْ وَلزْ فُخَّارْ بِنزْ إبْريقْ
مَيَّة دَارْنَا تِسْقي عَطْشَنَا عِنْد الضّيقْ
٢٠٢٢/٤/٣٠

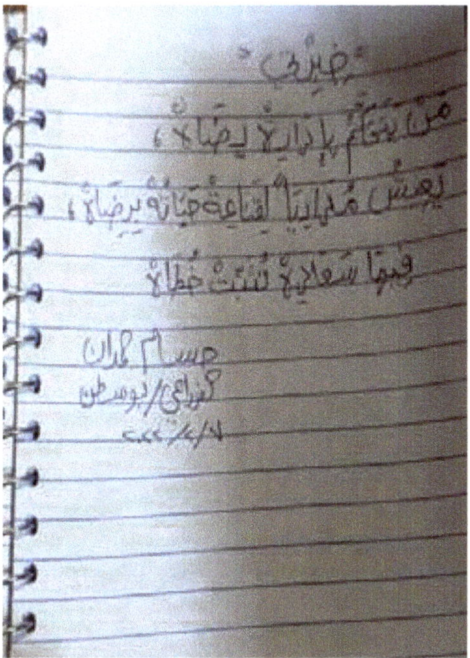

خبِرْتي
مَنْ يتَحَكَّمُ بِادَارة رِضَاه
يَعِيشُ مُدَارِياً لقَناعةْ حَيَاتُهْ بِرِضَاهْ
فِيهَا سَعَادهْ تُثَبِّتْ خُطَاهْ
٢٠٢٢/٢/٧

حُبْ
ذِراعْ مِتْرينْ بِاليَدْ شِبْرينْ
مِعْيارْ حُبْ بِقَلِبْ قَلْبينْ
تَمورْ تحْتْ رجِلينْ بِتلِمْ بَعْلينْ
يَتَرنَّحْ وَيَتَأَرْجَحْ بِقْلِبْ مِيتْ قَلْبِهْ حُبْ بِحُبَّينْ
٢٠٢٢/٤/٣٠

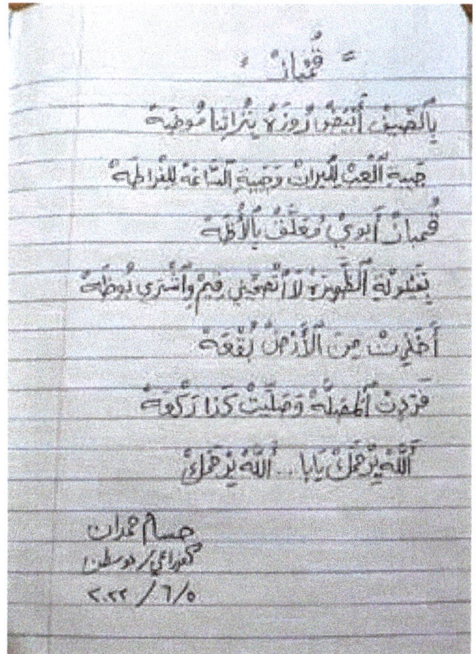

قُمْبازْ

بالصّيفْ أَبْيَضْ رُوزَهْ بتُراثنا مُوضَهْ
جَيبةِ الْعبْ للّيراتْ وَجيبهِ السَّاعَةْ للفْراطَهْ
قُمْبازْ أبويْ مُعَلَّقْ بالأُظَهْ
بِقَيْلولهِ الظّهيرَهْ لا اتْصحّيني قِيمْ وِاشْتَري بُوظَهْ
أَخَذتْ
مِنَ الأَرْضْ بُقْعَهْ فَرَدتْ المِصَلَّهْ
وَصَلّيتْ كَذا رَكْعَهْ
اللّه يِرْحَمَكْ يَابا ....اللّه يِرْحَمَكْ
٢٠٢٢/٦/٥

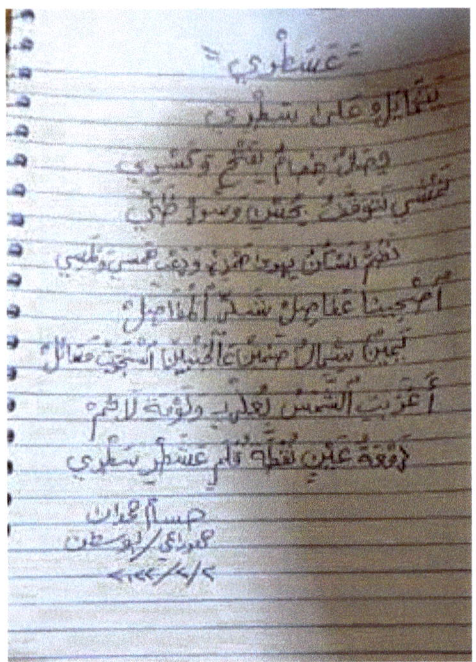

عَسْطري

يَتَمَايَلُ عَلى سَطْري

وصَالُ خِصامٌ بِفَتْح وَكَسْري

نَمْشي نَتَوقَّفُ بِحُسْن وَسوءُ ظَنّي

نَضُمُّ نَسْكُنُ بِهَوى هَمْزهْ وَدَعْب هَمسي وَلَمسي

اصحينا عَفاصِلْ شَدَّ المَفاصِلْ

يَمينٌ شمالٌ صَنَمينْ عَالجنْبينْ اسْتَجوبتْ مَسائِلْ

اغرَبَتِ الشَّمْسُ بِعذْر وَلُوْمة لائِمْ

دَمعَةُ عَيْن نُقطةُ قَلَم عَشطَرِ سَطْري

٢٠٢٢/٢/٢

مَزْهَريَّةْ

فَرَاشٌ مَرْسُومٌ عَلى المَزْهَريَّةْ
بجَوْفها أزْهارٌ منَ الوَطن طبيعيَّهْ
عَوْسَط طَاوِلَه مَعَ كَراسي مَنْسيَّهْ
لتَسُرَّ نَاظِر يَجْلِسُ ويُفاوِضُ بحُريَّهْ
يَتَراقَصُ الفَراشُ بنَسائم ابراهيميَّهْ
إن أرَدْتَ الخَلَّ فَمَقامُ الخَليل بالخَليل شَعْبيَّهْ
لاتَتْرُك الوَرْدَ يَذْبَلْ وَتَنْسَى القَضيَّهْ
إنْ أرَدْتَ السَلام فَللسَلام وبالسَلام هَامَاتٍ نَشْميَّهْ
٢٠٢٢/٦/٨

إنْحِناءْ

الانْحِناءْ يُوجِبُ إرادَةْ وَإدارَةْ وَتَدْبِيرْ

انْحِناءٌ بِغَضَبٍ اوْجَاعُهْ نِيرانِ سَعِيرْ

تَنْحني اغْصانُ الوَرِدِ مِنْ ثِقَلِ أَزْهارُهْ . وَتَنحَني اغْصانُ الشَّجَرِ مِنْ

نُضوجِ اثْمارُهْ

عَنْ قَرِيبٍ وَبَعيدٍ انحناءٌ غريرْ

مَنْ لا يَنحَني لا يَعْرِفُ الحُبُّ خَشْخَشَةَ عَشِيرْ

بِانْصِيَاعِ انْحِناءٍ ميقاتُ كَمِينْ

بِلَمْزِه الانْحِناءُ سِجْنٌ بِغَضبٍ مُبينْ

بِحُبِّ الانْحِناءُ قَدْ يُصْبِحُ رُوتِينْ

نَنْحني وَلَا يُدركونَ أَنَّنا بِمُنحَنى رَغدٍ أمينْ

٢٠٢٢/٦/١٠

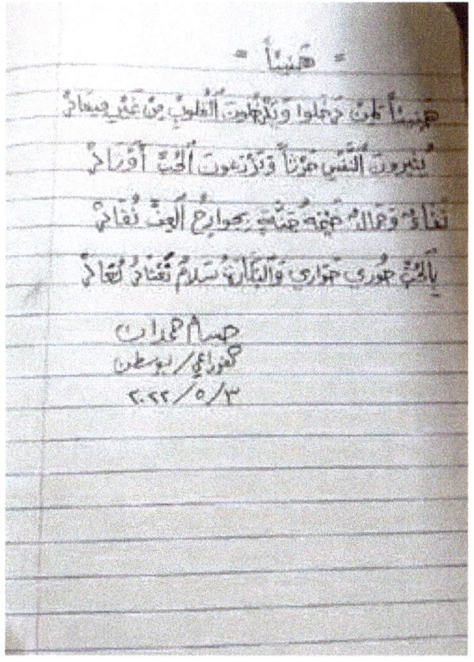

هَنيئًا

هَنيئًا لِمَنْ دَخَلوا وَيَدْخُلونَ الْقلوبْ مِنْ غَيْر ميعادْ
يُثيرونَ النَّفْس حَرْثًا وَيَزْرعونَ الحُبّ أَوْتَادْ
نَقَاءٌ وَجَمالٌ خَيْمَهُ جَنّه بجوارحُ العفّ نُقَادْ
بِالحُبّ حُوري حَوَاري وَالبَكَارَهُ سَلامٌ نَعْتَادُ نُعَادْ

٢٠٢٢/٥/٣

مَطبَّاتْ هَوى

غَلَّةْ حَصَادْ قَاعدلنَا بالمرصادْ

صَدُرُه وَرَفع الضَّرائبْ غلَيَتْ الأَسعَارْ

مَحْدُود المَعَاشْ كيفْ يشْتري وكُونْ سَعيدْ

أَنفَارْ عَلى المُسطبهْ شَبَعهُمْ بَعيدْ

قدْر عَلى النَّار بالمَيَّهْ بنُقصْ بزيدْ

بغلَى بفُورْ وَبالتَّحْريكْ بهَدى سَميدْ

مَطبَّاتْ هَوى بمَعْده صغَارْ من جُوع اعْتَلى

كَرْكَعَةْ حِرْمَانْ منْ طبْخ عَناد مَا اسْتَوى

أَخَذ العَليل وَخَلَّا الغَليلْ

وَحِيدُ الفَقْر مَاعنْدُه خَليلْ

٢٠٢٢/٢/٧

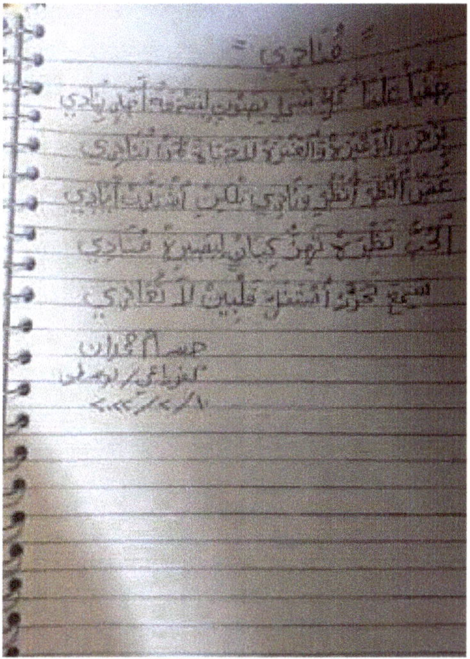

مُنَادي

خِفْياً عَلَنَاً كُلُّ شَئ بصوْت لِيَسْمَعَهُ أَحد بنَادي

بِزمَنَ الزَّعْبَرَه وَالعَنْتَرهْ لا حَياةَ لِمَنْ تُنَادي

غُضٍّ النَظَرْ انْظُرْ وَنَادي بِلكِنْ اشْتَدَّتْ أَيَادي

الحُبُّ نَظْرَةْ تَهِزُّ كِيانْ لِبَصيرةْ مُنَادي

سَمِعَ تَحَرَّرَ اسْتَقَلَّ قَلْبينْ لا تُعَادي

٢٠٢٢/٢/١٠

هَدَّى البُلبُلْ عَالرُّمانْ

هَدَّى البُلبُلْ عَالرُّمانْ إسمعْتُهْ بالّيل إغَنّى
صُوتُهْ بطربِ النّعْسانْ واللّي بنُومُهْ متهَنّي
رَدِّدْلي عَوْتار العُودْ غَنّي لَمَبْعُودِ عنّي
عَاللّه ايْعَاودْ وعُودْ وَاشوفُهْ جايي عنْدِي
رَدِّدْلي بنْغَامِ الحُبْ غَنّي لَمَحْبُوبِ عَنّي
عَاللّه ايْحنِّ يِشْتَاقْ وَاشُوفُهْ اللّيلهْ عنْدِي

٢٠٢٢/٥/٢٩

مهما كبرنا وأينما كنا، حق وطننا بقلوبنا وعقولنا وضميرنا ـ كالطفله أيلول. فكيف لا نحن عليها ونرعاها ونلاعبها ونزغزغها ونبوسها يا كون؟ حدك هناك مش هون، المريله واللهايه والرضاعه عندنا. أملنا أن تعيش أيلول بحريه وإستقلال يوما ما.

حسام حمدان

كفرراعي/بوسطن

٢٠٢٢/٦/١١

جبل كفرراعي يعلو ويحلو بوصال جمالهن وأنوثتهن خوات سته.
حفظهن الرحمن ورعاهن بربوع وطنهن فلسطين.
حسام حمدان
كفرراعي / بوسطن
٢٠٢٢/٦/١٠

شرط برضى، رضى العبد والرب والطبيعه. تعلوا وتتشابك الأشجار وتترك نوافذ لخيطان الشمس تستعين بها الورود لإزهار.

دامت جمعه مباركه بشعور ويسر وإزهار.

حسام حمدان

كفرراعي/بوسطن

٢٠٢٢/٦/١٠

امِّي

كُلَّما عِنْدَمَا تُذْكَرُ امِّي
حَنينٌ لِيُرْضَى عَلَيكَ يَسْري بدَمِّي
بالصِّغَر بالكِبَر بالليْل وبالنَهار سَألَتْ عَنِّي
بالوَطن وبالغُرْبه حريصة على حُسْن ظَنِّي
وَلائها للأَرْض صُمُودٌ يَعْني وَيُعَلِّي
بألْحاحها عَرَفْنا كَيْف نَعيشُ وَنَبْني نَنشلُ وَنُملِّي
عَطْول المَواسم مَراسيمْ وَمَقاسم بود وَحنان مَاظلَمَنْي
زَادُها بِشَهِّي النُّفُوس سَخِيُّ أبِيٌّ بحَيِّ الضُّيوف مَاحرَمَنْي
بغيوم وَشموس بَيْتُها عامرٌ وَنَكْهَة العَطاء مَعزِّي
تَحِيَّتُها أَهْلاً وَسَهْلاً وبَسْمَتُها نَوَّرتوا بِجَيِّتُكُم عَلِّيّ

٢٠٢٢/٦/٢٢

صَدَاقَهْ

كُلُّنَا حَرَقَ واحْتَرَقَ كَوَّنَ وَشَافَ رَمَاداً
بَعْضُنَا نَفَخَ عَلَيْه
وَبَعْضُنَا حَرَّكَهُ بِعُودَاً
سَكِينهٌ تَسْكُنُ السَّكَن بِشَعْر مُشِيباً
تَتَمَارى الذِّكْرَيَاتُ بِصَلْعة صَديقاً
نُقَّاط مِن عُنْق ابريقٍ بِسَقْيَة لَطيفاً
اسْرارٌ بِرَطْب الرَّماد نَامَت صُمُودَا

بِنُقْطَةْ وَفَراغْ
سَائِلٌ مِنْ كِيسٍ مُعَلَّقٍ بِنَقْطْ
بِطَرِيقٍ مُلَوْلَوَهُ يَسِيرُ وَيَمْلَئُ الفَرَاغْ
بِأَيِّ مَكَان يَتَطَلَّبُ انْتِظَاراً
عَوَّدْتُ نَفْسِي قُبُولَهُ اتَجَنَّبُ مَلَلاً وَشِجَاراً
رُدِّي عَلَيَّ وَلَوْ بِنُقْطَهْ وَفَراغْ
فِيهِما عَالَمًا يَرَانَا وَلاَ نَراهْ
٢٠٢٢/٦/٢٦

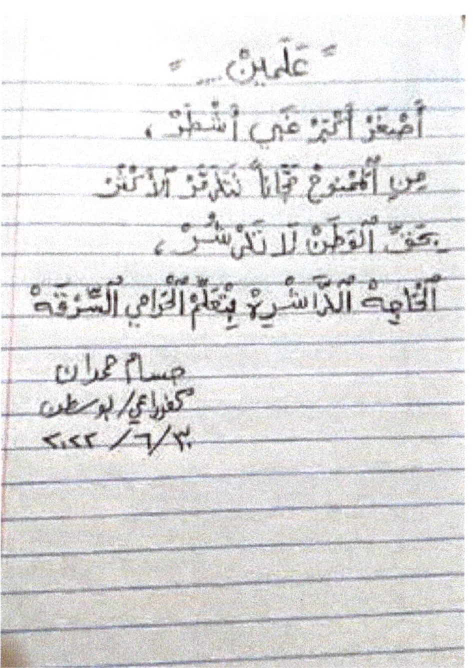

عَلَمَيْن
أَصْغَرْ ::اَكْبَرَ غبي اَشْطَرْ
مِن المَمْنوحْ مَجَّاناً نَتَذَمَّرْ الاكْثَرْ
بحَقِّ الوَطَنْ لَا تَدْشَرْ
الْحَاجِهْ الدَّاشِرَهْ بِتَعَلِّمْ الْحَرامي السَّرِقَهْ
٢٠٢٢/٦/٣٠

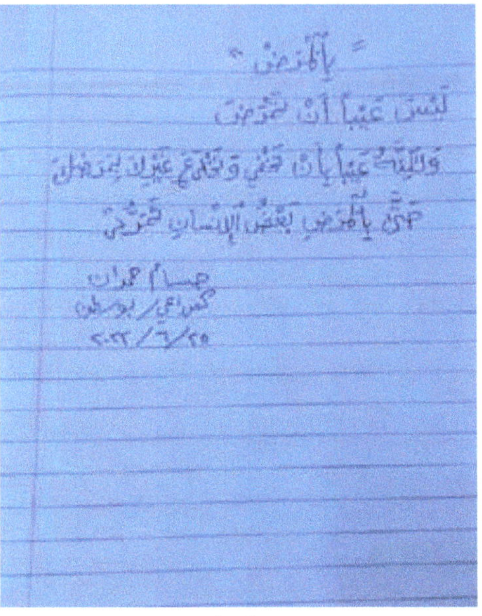

بالمَرَض
لَيْسَ عَيْباً أَنْ تَمْرَضَ
وَلكِنَّهُ عَيْباً بأَنْ تَخْفي وَتَخْدَعَ غَيْرَكَ بمَرَضِكَ
حَتَّى بالمَرَض بَعْضُ الإنْسانِ تَمَرُّدْ
٢٠٢٢/٦/٢٥

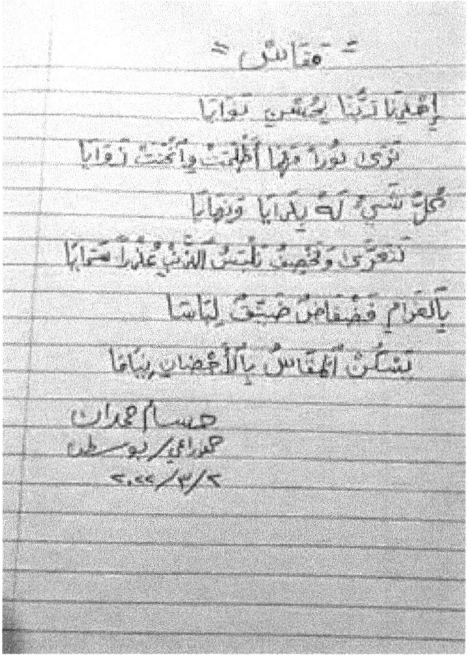

مَقَاسْ

اهْدِنَا رَبُّنَا بِحُسْنِ نَوَايَا
نَرَى نُوراً مَهْمَا اظْلَمَتْ وانْحَنَتْ زَوَايَا
كُلُّ شئٍ لَهُ بِدَايَا وَنهَايَا
نَتَعرَّى وَنْخِصفُ نَلْبَسُ الذّنْبَ عُذْراً سَمَايَا
بِالغرامَ فَضْفَاضٌ ضَيِّقٌ لِبَاسَا
يَسْكُنْ المَقَاسُ بِالاحْضَانِ نِيَامًا

٢٠٢٢/٣/٢

مدْفَاش

اسْتَغَلُوكَ دَفَشُوكَ مدْفَاش لَا تْشُوف ترَى
نَاسْ حَتُخْبُطْ عَليكَ واتْلَبّطْ بتَحْت الثّرى
نَاسْ حَتْفَشُكَ عَنْكَ واتْشُوف الفَضَى
حَسْرَةٌ عَلى نَفْسٍ لَمْ تُدْرِك مِينْ قُدّامْ وَرَى

٢٠٢٢/٣/٢

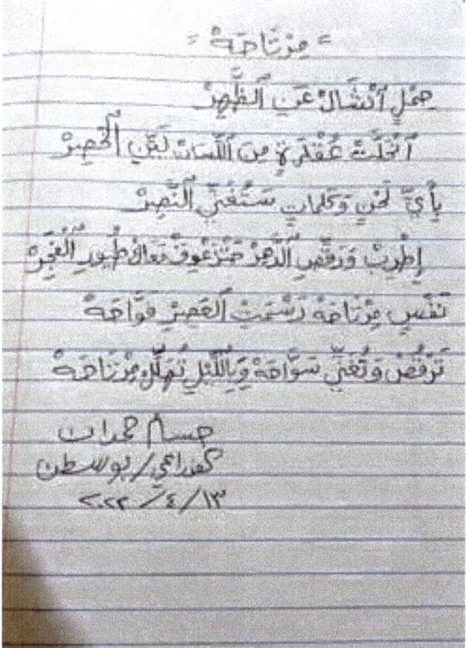

مِرْتَاحَه

حمْل انْشَالْ عَن الظَّهرْ
انْحَلَّتْ عُقْدَة من اللِّسَانْ لَيِّن الخَصِرْ
بِأيِّ لَحْن وَكَلمات سَتُغَنِّي النَّصِرْ
اطرِبْ وَرَقِّص الدَّهرْ حَتْزَعُوقْ مَعَاكْ طيور الفَجرْ
نَفْس مِرْتَاحَهْ رَسَمَتْ العَصِرْ فَوَّاحَهْ
تَرْقُص وَتُغَنِّي سَوَّاحَهْ وَبِاللَّيْل تَهَلَّلْ مِرْتَاحَهْ

٢٠٢٢/٤/١٣

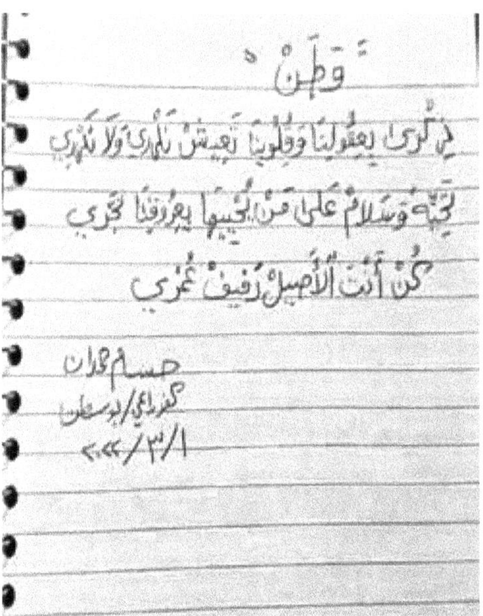

وَطَنْ

ذِكْرى بعقُولنَا وَقُلُوبِنَا تَعيشْ نَدْري وَلَا نَدْري
تَحِيّة وَسَلاَمْ عَلى مَنْ يُحْييهَا بعرُوقنَا تَجْري
كُنْ أنْتَ الاصيلْ رَفيفْ عُمْري

٢٠٢٢/٣/١

هَلْ مِنْ كَرَّهْ

لَوْ انَّ لَهُ كَرَّهْ

لَضَمَّكَ وَبَاسَكَ مَلْيونْ مَرَّه

وَينَكَ يَبُو عَينْ حَمْرَه

اسْتَعْجَلْت الرَّحيلْ بِجَمْرَه

تَسَيلْ الدُّمُوعْ الوَحْدَةْ خَمْرَه

القَلْبْ سَكْرانْ تَايِهْ بِنَبْضَهْ

أَسيرْ يَمْتَلِكَهُ الفَرَاغْ شَرَّهْ

الحُبْ رَحْمَهْ يَفِكْ رَقَبَهْ

لَعَلَّكَ الحَبيبْ لَمَنْ اسَرَ بِالفَرَاغْ قَلْبَهْ

سَتَجِدَهُ حَبيبْ مَا بِقَلْبِهِ مِنَ اليأْسِ ذَرَّهْ

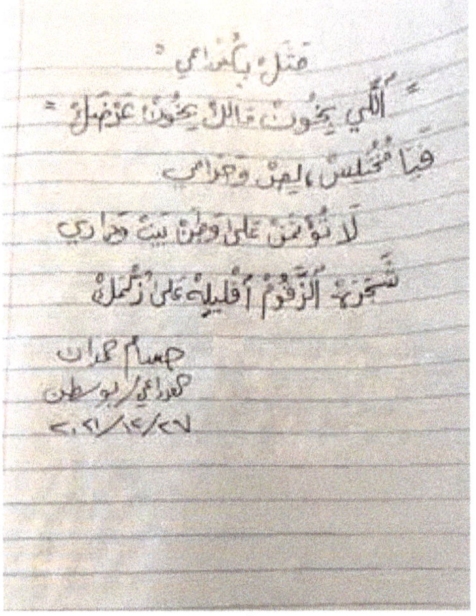

مَثَلْ بكُفْرراعي
اللّي بِحُونْ مَالَكْ بخُونْ عَرْضَك
فَيَا مُخْتَلَسْ
لصْ وَحَرامي
لَا تُؤْتَمَنْ عَلى وَطَنْ بَيتْ وَداري
شَجَرَةَ الزَّقُومْ اقْليلهْ عَلى زُكْمَكْ
٢٠٢٠/١٢/٢٧

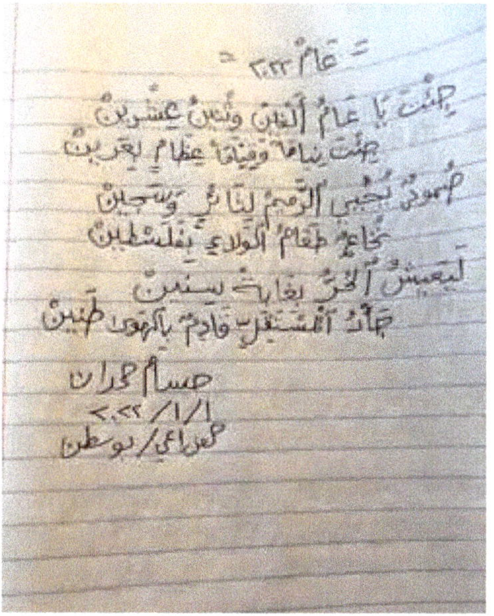

عَامْ ٢٠٢٢

جِئْتَ يَا عَامُ أَلْفينْ وثْنينُ عشربنْ

جِئْتَ نِيَامَاً وَقِيَامَاً عظَامْ بِعَرينْ

صُمودٌ يُحْيِي الرَّميمْ لِثائرْ وَسَجينْ

نُخَاعٌ طَعَامُ الوَلاءِ بِفَلَسْطينْ

لِيَعيشُ الحُرُّ بِغَابَةْ سنينْ

جأَرُ المُسْتَقِلّ قَادِمٌ بالهَوى طَنينْ

٢٠٢٢/١/١

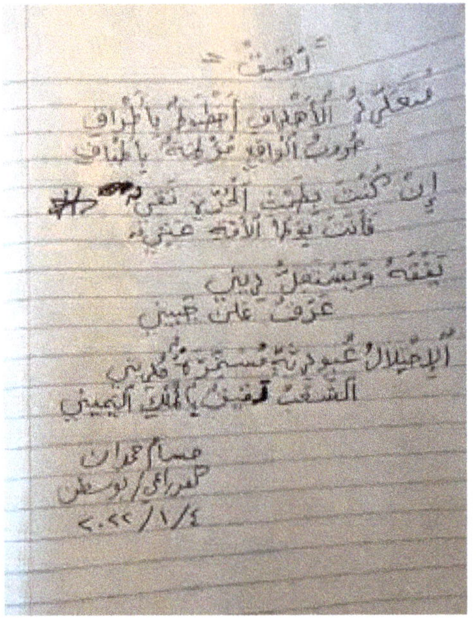

رَقيقْ

مُتَعَدِّدُ الأَهْداف أَخْطَبوطٌ بِأَطْرافْ

حُروبُ الواقع مُؤْلِمُةٌ بِأَطْيافْ

أَنْ كُنْتَ بِطَمْث الْحُرَّة تَقِيْ

فَأَنْتَ بِوَطْءِ الأَمَة عتِي

يفْقَهُ وَيَسْتَغِلُّ ديني

عَرَقٌ عَلى جَبيني

الاِحْتِلالُ عُبوديّه مُسْتَمِرَّةٌ مُديني

الشَّعْبُ رَقيقٌ بِالمُلْك اليَميني

٢٠٢٢/١/٤

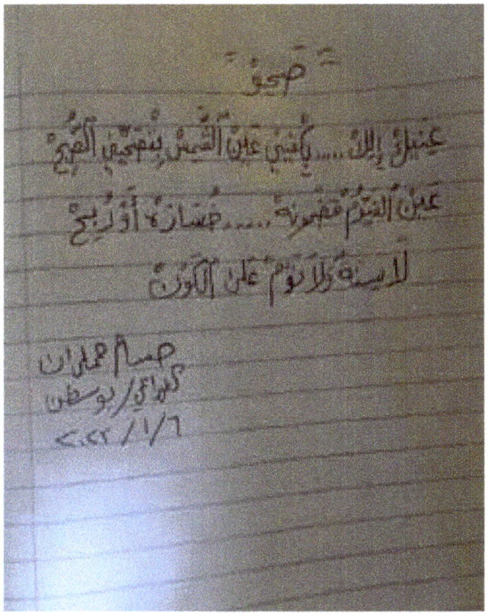

صَحوْ

عِنَيكْ الكْ ...يكْفيني عَيْن الشَّمسْ بتْصَحُيني الصُّبْح

عَيْن القَيُّوُمْ مَضْمونْه خُسَارَةْ أَوْ رِبْح

لَا سِنَةْ وَلاَ نَوْمْ عَلى الكَوْنْ

٢٠٢٢/١/٦

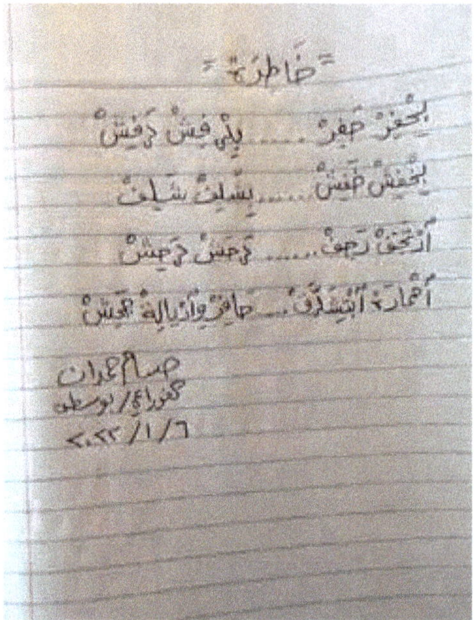

خاطره ٢

بحْفِرْ حفِرْ
بدْفِشْ دَفِشْ
بحْفِشْ خُفِشْ ..بِشْلِفْ شَلفْ
ارْتجَفْ رَجفْ...دَحَشْ دَحشْ
احمارَهْ ابْتِشَدَّقْ حَافِرْ واريالةً جَحشْ
٢٠٢٢/١/٦

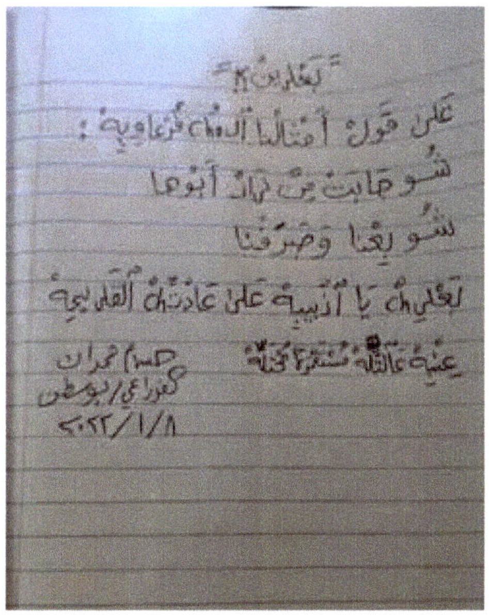

بَعْدينْ
عَلى قَولْ أَمْثالْنا الـcho فُرْعاويهْ
شُو جَابَتْ منْ دَارْ أَبُوها
شُو بعْنا وَصرَفْنا
بَعْد ch يَا ازبيبهْ عَلى عَادتِّch القَديمةْ
عِنْبهْ عَالتِّلّهْ مُسْتَعْمَرهْ مُحْتَلّهْ
٢٠٢٢/١/٨

قَعْدَة اخْتِيارِيَّاتْ
تَقُلْchنْ شُو أَخْبارْ افْلَانْ إبِنْ عَلنْتان
دَارْ ظَهُرُهْ..دَايِرْ عَلى حَلْ شَعْرُهْ
يَوَردِي ...
عَزِيينْ هَذا مِثلْ قَظيُتنا
زَمَنْ مِمchعبْ مَعْطِينَا كَفَاهْ
٢٠٢٢/١/٨

أُدخُلْ

قَبِلْ مَا تُدْخُلْ بِنَخِّلْ الرأسْ بمُنْخُلْ
أَدْخُلْ مَا أَدْخُلَّ لَلِيشْ بدِّي أَدْخُلْ
مَشاعِرْ وَأَحاسِيسْ بِدُقِّ القَلْبْ بنْقُلْ
لَسْتُ عَاقَّا طَالِحَا للبَرّ دَخَلْتُ حَدَخُلْ
طَلَّيتْ يَمَّهْ يَابا..
يِرْضَى عَلِيكْ قَدْ مَازوانْ طِلِعْ مِنْ عِينِيكْ

٢٠٢٢/١/٩

مُنَاضِلْ

مَتَنَقِّل المَأْوَى مُنَاضِلٌ جَسُورْ
الهَوى الطَّليق لَهُ مَعْنى لِمُستَنقِل فَحُورْ
أَليفُ بَرَاري أَخْبارُ وَطَن عَجْنَاح نسُورْ
تِوَدِّى تَعَدَّى حَوارِي جَوارِي زَمَنْ يَدُورُ
سَالْ دَمُّهْ بَين الصّخُورْ
حَدَّتْ عَلَيهْ غُزْلانْ وَبدُورْ

٢٠٢٢/١/٢٣

ذكْرى

البَيظَةْ بَلَديَّه منْ جَاجِهْ رَقْشَهْ عُتْقِيَّةْ
سَلَقَتْها وَقَسَمْتها نُصَّينْ ...وَينْ الشَّهيَّهْ
عَليهِنْ رَشِّيتْ فلْفلْ وَدُقَّهْ زَعْتَر بيَدْ سَخيَّهْ
خُبْزَةْ وَزيتونْ تَلَّةْ بَلَدي بالصَّحنْ قُدَّامْ عينيَّهْ
ابْريقِ الشَّايْ بِغُورْ شَهْو بِثورْ بِفَرْقِعْ الحَطَبْ

٢٠٢٢/١/١٣

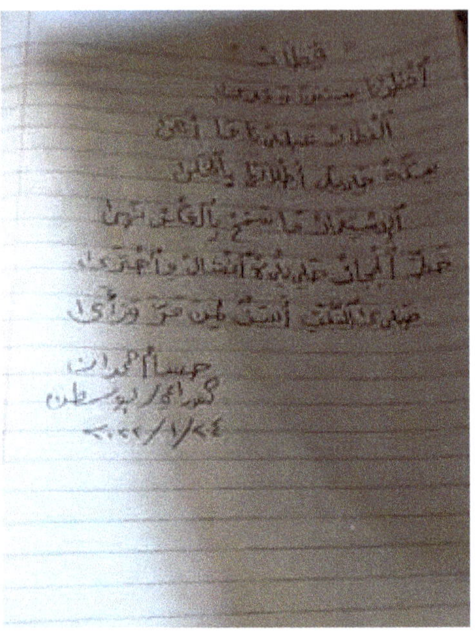

قِطارْ

انْتَظَرْنا سِنينْ وَمَدى
القِطار على بلدِنا ما اجا
سِكَّةْ حَديدْ أَطْلالَها بالخَلى
الاسْتِعْمارْ ما سَمَحْ بالعَكْسْ نَهى
خَطُّ الْحِجازْ حَديدُهْ انْشالْ واهْتَرى
صَدى النَّفَقْ اسَفُ ...
لِمَنْ مَرَّ وَرأى

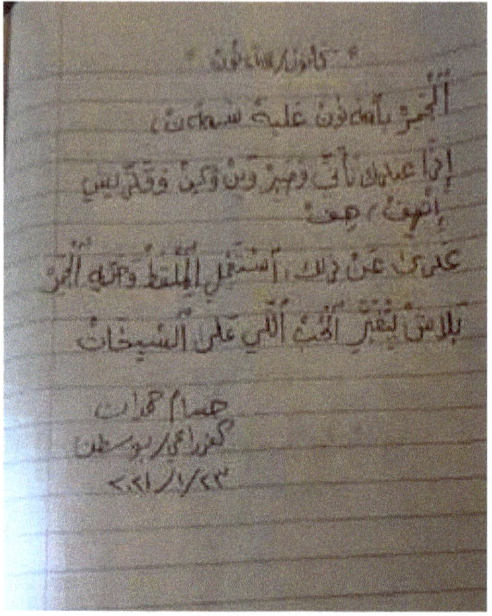

كَانونْ /cha نُونْ
الْجَمرْ بَاcha نُونْ عَليهْ سَ ch نْ
اذَا عندك تَأنِّي وَصَبرْ وَينْ وَكيفْ وَقَدِّيشِ
اتْهفْ هفْ
عَدى عَنْ ذلك اسْتَعْمل الملْقَطْ وَحَرِّch الجَمرْ
بَلاشْ يتْغَبر الحَبّ الّي عَلى السّيخَاتْ
٢٠٢١/١/٢٣

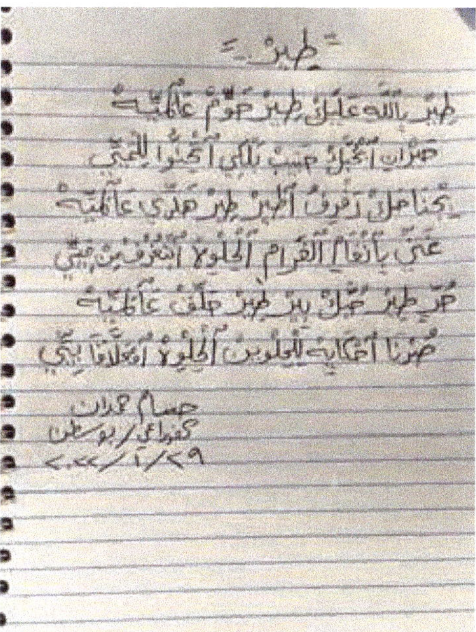

طيرْ

طيرْ بِاللهِ عَلَيكْ طيرْ حوَّمْ عَالمَيَّهْ
حَيرانَ ابْحُبَّكْ حَبيبْ بَلْكي اتْحنُّوا للْمَيِّي
بجْناحَكْ رفْرِفُ أطيرْ طيرْ هدَّى عَالمَيَّهْ
غَنِّي بِانْغَام الغَرام الحِلْوةْ ابْتُغرُفْ من مَيِّي
حُرٌّ طيرْ حُبَّكْ بيرْ طيرْ حلْقٌ عَالمَيَّهْ
صُرنَا احكَايهْ للْحِلْوينْ الحِلْوةْ امْعَلَّاقَا بيِّي

٢٠٢٢/١/٢٩

مَوch رَهْ
مَاكَمّلْنا المِشْوارْ
بَنِينا صُومَعَهْ من أحْجازْ
مُوch رَهْ تحْتْ عُرَقانْ الدّارْ
حَياةٌ مَوتُ تَفاوُضٌ عشّ سَرِّ الإخْتِيارْ
حَطبُ المُوقدهْ بليقْطانْ فَرْقعْ بِشَرَارْ
الصُومَعَهْ انْهارَتْ واحْجارَه قَعْدةً اخْبارْ
بفَلَسْطينْ يَعْبَثُ التّكْرارْ بصَبرْ ختْيارْ
مُحْتَلْ بِحَواجِزْ وَجُدْرانْ يَفِرُّ عنْدَ قرارْ
٢٠٢١/١/٣٠

لاَ وَلَنْ ...
بَانَ الخَيْطُ الأَبْيَضْ بجُرْ
لأَمُرُ بلَغْو اليَوْم حُرْ
لأَقُولُ الحَقِّ دُرْ لَنْ أَشهَدُ زَوْرْ
لأَصْغِي الأُذن دَوْرْ
لَنْ أُعانِقُ جَوْرْ
لأَشْرَبُ العَدْل مُرْ
لَنْ اسْرِفْ هَوْرْ
لأَضُمُ الغَوْر هُرَيْرْ
لَنْ اخوض ضُرَيْرْ
مَا ارْوَعُ الحُرِّ حينَ يَمُرْ
.يَتَرَعرَعُ النَّهارُ وَيسْكُنْ اللّيلِ مُنْحنى يَسُرْ
٢٠٢٢/١/٣١

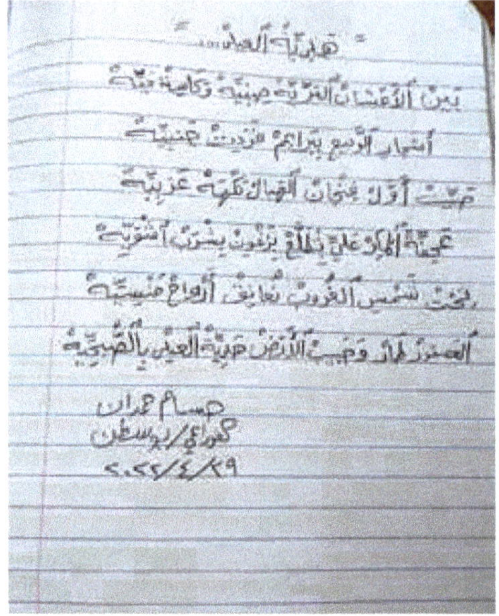

هَديَّةُ العيدْ

بَين الأَعْشابْ البَرِّيّهْ صينيّة وَكَاسةْ مَيّهْ

اشجار الرَّبيع ببَراعمْ فَردتْ جَنبيّهْ

صَبِّيتْ اوّلْ فنْجانْ الهَبَالْ نَكْهَةْ عَرَبيّهْ

عَحفّةْ المَكرْ عليَّ بتْطَلَّعْ بزَغونْ بشْرَبْ اشْوَيّهْ

تَحْتْ شَمْس الغُروبْ نُعانقْ ارْواحْ مَنْسيَّهْ

العَصفورْ طَارْ وَحَبيبْ الأَرْضْ هَديَّةْ العيدْ بِالصُّبحِيّهْ

٢٠٢٢/٤/٢٩

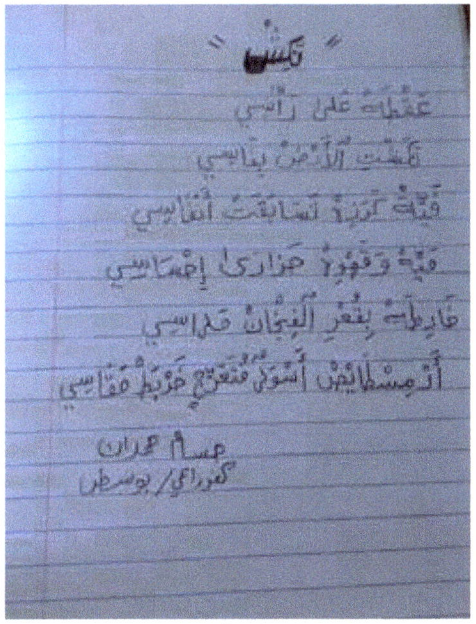

نَكِشْ

عَقْطَهْ عَلى رَاسي

نَكَشْت الأَرْض بْفَاسي

فَيّهْ كَرْزِهْ تْسَابَقَتْ انْفَاسي مَيّهْ

وَقَهْوِهْ حَزَارَى احْسَاسي

خَارِطَهْ بِقَعْر الفِنْجَانْ مَدَاسي

ارْمِسْطَايْصْ اسْوَدْ مُتَعَرِّج خَرْبَطْ مَقَاسي

كفر راعي

بالْحُبّ
بالحُبْ اعْتَصَرَ فَنّانْ
ظَمْأً شَرِبَ مِنْ عَصيرِالْوانه بِرَغْرَغَةْ وَامْعانْ
بالحُبْ الْتَقى اثْنَانْ
مَاجَ وانْتَصَبَ الغَرامُ كَزَنْبَقِ حُزَيْرانْ
الحبْ ايمانْ بِبَصيرَةْ وَنَظَرْ بِأَلْوانْ
٢٠٢٢/٦/١٩

بَرْطله
سَواءاً وقيَّةْ ولَّا رَطِلْ إلَّا يَبَرْطِلْ
طَيِّبْ مَتَى حَيْبَطَّلْ
قَبَّانُ كياني يَقْرأُ هويَّتي وَزْني بعَقْلْ
مَا زَالَ يَبْخَسُ وَيُبَرْطِلْ يُعَرْقِلُ وَيَعْتَقِلْ
٢٠٢٢/٦/١٨

فكْر

صَخْرٌ يالَكَ مِنْ شمُوخْ
عَلَيْكَ واقفٌ حُر اصيل فخُورْ
بِالفَراغ الشَّاسع الْواسع فكْرُ يَدُورْ
وينْ أَرُوحْ حطبْ وَلَّعْ نَارْ
طَال الْمَطال عِنْدَك خِيارْ
يَتَعالى الدُّخان والنجْمُ الثَّاقب عَقُور
خَلِّيني عَلى أَرْضِي إِمْسَامْحَكْ بِالمَرِّيخْ
٢٠٢٢/٦/١٦

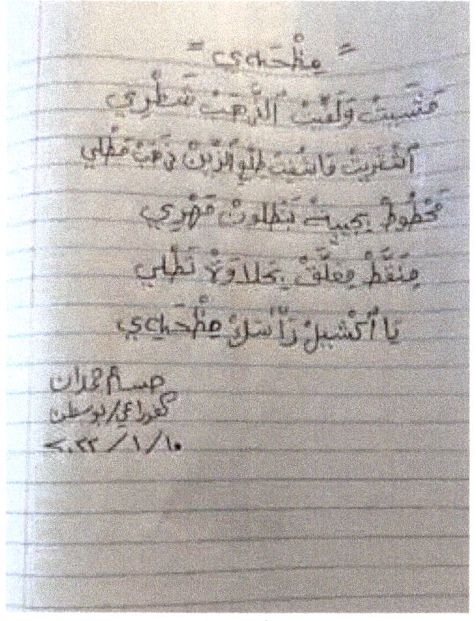

مظْحَشch‏ي
مَشَيتْ وَلْفَيْت الذَّهَبْ شَطْري
اشْتَريتْ مَا شُفتْ طلْع الزِّينْ ذَهَبْ مَطْلي
مَحْطوطْ بجيبهْ بَنْطلونْ مَهْري
منقَّطْ معَلَّقْ بحلاوَةْ تَطْلي
يَا اكْشيلْ رَأَسَكْ مظْحَشch‏ي
٢٠٢٢/١/١٠

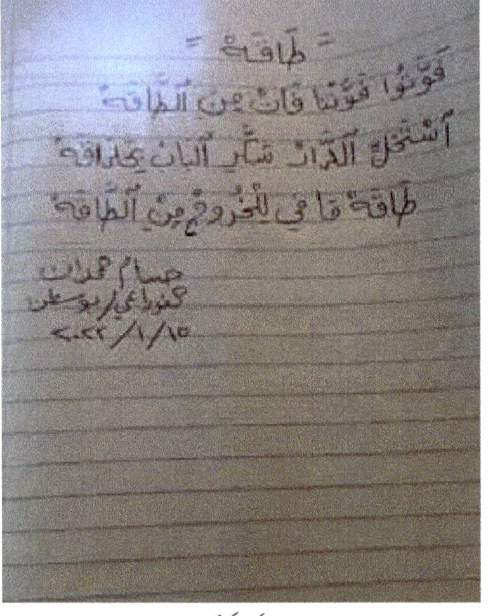

طَاقَهْ

فَوِّتُوا فَوَّتْنا فَاتْ مِنْ الطَّاقَةْ

اسْتَحَلَّ الدَّارَ سَكَّرَ البَابْ بِحَدَاقَهْ

طَاقَهْ مَا فِي لِلْخُرُوجْ مِنْ الطَّاقَةْ

٢٠٢٢/١/١٥

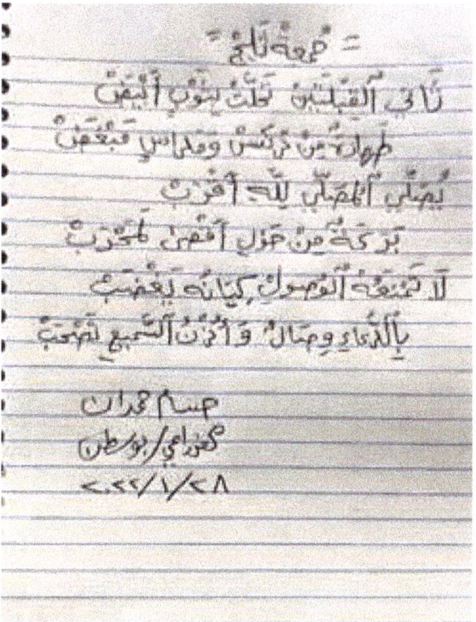

جُمعةْ ثلْج

ثَاني القِبْلَتينْ تَحلَّتْ بِثَوْب أَبْيَضْ

طَهارَهُ مَنْ دَنَسْ وَمَداسْ مَبْغَضْ

يُصَلِّي المُصَلِّي لله أَقْرَبْ

بَرَكَهُ منْ حَوْل أَقْصى لَمَحْرَبْ

لَا تَمْنَعُهُ الوُصولْ كِيانُه يَغْضَبْ

بِالدُّعاء وِصَالٌ وَأُذْنُ السَّميع تَصْحَبْ

٢٠٢٢/١/٢٨

وَعْدٌ

مِنَ الأَرْضِ وَعَلى الأَرْضِ نَسْتَحِقُّ ثَمَراً وَزَهْراً
لَنْ نَعْتَذِرُ وَنَتَوَسَّلُ لِمُتَسَلِّطٍ يَقْضِي بِنَا أَمْراً
بَيْني وَبَيْنَ الوَرْدِ المُتَكَرِّر وَعْداً
لَنْ نَنْسَى بَعْضُنا بَعْضاً
تَتَغَيَّرُ الطُّقوسُ عُذراً وَقَدَرَ
أَيّامٌ وَلَيالي تَتَناوَبُ عَمَلاً وَصَبْراً
نُحْبِك مِنْ ظُروفِ الزَّمَن رَبيعُ قُوْساً
رَقْصَةُ فَراشٍ تَنْتَظِرُ لِقاؤُنا قُزَحاً

٢٠٢٢/١/٢٧

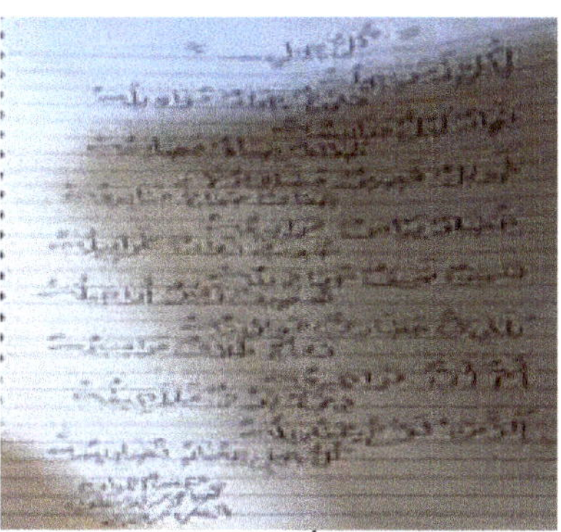

كُلُّ جِيل

لِكُلِّ زَمَنٍ جِيلُهُ مَدْحٌ هِجَاءٌ مَوَاوِيلُهْ

نَهَارٌ لَيْلٌ مَقَايِيسُهْ

طَفَأَ ضِيَاءٌ مَصَابِيحُهْ

طَوِيلٌ قَصِيرٌ مَشَاوِيرُهْ

جِفَافٌ ضَخَاخٌ مَنَابِيعُهْ

خُضَارٌ يَبَاسٌ مَرَابِيعُهْ

حُبوبٌ زَوانٌ غَرابِيلُهْ

سَمِينٌ نَحِيفٌ جَزادِينُهْ

شَهِيقٌ زَفِيرٌ أَراجِيلُهْ

بَلَدِيٌّ حَضَارِيٌّ مَوازِينُهْ

زَواجٌ طَلاقٌ مَراسِيمُهْ

أُمٌّ أَبٌ مَراجِيعُهْ

دِفْىً بَرْدٌ مَلاحِيفُهْ

الزَّمَنْ لَوَّحْ بِمَنْدِيلُهْ

كُلُّ جِيلٍ بِمِعْيَارٍ تَضَارِيسُهْ

٢٠٢٢/١/٢٩

يَالَيْتَ

نَبْته ظَهَرَتْ بجَنْب دَرْجَة الدَّرَج
أَوَّل مَرَّةً شُفتها لا أَعْرفُها بلا حَرَج
تَحايَدْتَها بالطَّلْعَه والنَّزْلَه بحَرْص وعَوَج
نَمَتْ بساق لَعنْدْ صَدْري ونوَّارَها خَرَج
إعْطي البَرّي فُرْصَه
فَقَدْ يَسُرُّكَ بنَظرات لفَتْرَه
يَنْقَلب المَوسَم ويأتي بكَرُّه
البَرّي قَدْ لا يَعودُ كمَانْ مَرُّه
يَالَيْتَ مَا جَابَتْه الرِّياحْ لا تَأْخُذَهُ الزَّوابِعْ

٢٠٢٢/٧/٢....

خربطه
مِنْ كُثْر الصَّمْتْ...صَمَّطْ
إِيديهْ عَذينيهْ قَرْبَطْ
أَخْ منْ فَمُّهْ فَرَّطْ
فَرَكْ عينيهْ أَيَّهْ حَيطْ يتْشَعْبَطْ
حوَاليهْ اطّلَعْ ...شاف وَخَطَّطْ
الحيطْ المَايلْ لهُ مَرْبَطْ
بمُوسُهْ افْراشْ بَعَّطْ
فِلوسْ مَا طِلْعَتْ وبمَزِّ الصُوفْ خُرَافْ اتْخَرْبَطْ
٢٠٢٢//١/٢٤

مُفَاجَأَهْ

يَا تُرى شُو وَرَى هَالقَرْعَهْ

بِزَرْف ابْلاسْتيكْ غَطَّيتْ رَاسي إلي صَلْعَهْ

مِشْ عَارِفْ أَقْعُدْ ملْسِهْ الصَّنْعَهْ

جُزْدان بِالجِيبِهْ اعْمِلتْ قُرْعَهْ

مُهْجَة الفَجْأَهْ فَزْعَهْ

بَنْطَلونْ عَالحَبِلْ مَنْشُورْ انْبَلْ قُزْعَهْ

٢٠٢٢/١/١٨

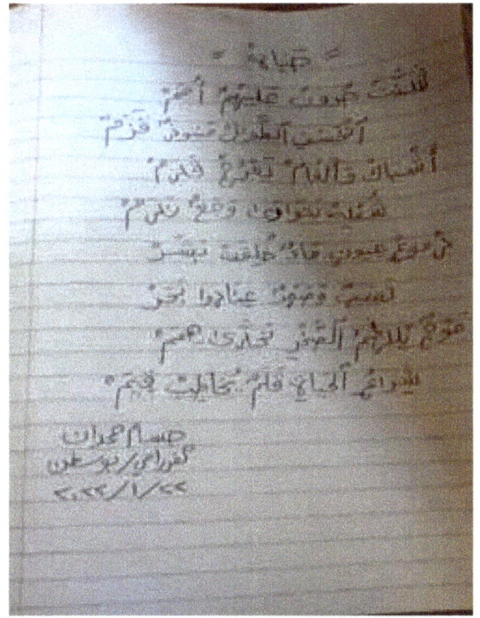

حَيَاهْ

شَنَّتْ حُرُوبْ عَليهُمْ أُمَمْ

انخَسَف الطَّويلْ مَنبوذٌ قَزَمْ

أَشْيَاكْ وأَلْغامْ يَعْرُجْ قدَمْ

شُعْلهْ يَتَوَارَى وَجَعْ نَدَمْ

دُموعُ عيون مَاءْ خُلِقَتْ بَشَرْ

نَسَبْ وَصَهْرْ عنَادو بَحَرْ

مَوْجٌ يُلاطِمُ الصَّخْر تَحَدَّى همَمْ

شِراعُ الحياة قَلَمْ يُخَاطِبْ قِيَمْ

٢٠٢٢/١/٢٢

نَعَمْ مُمْكِنْ
يِّ أَرْض بطْلَعْ مِنْها ذَهَبْ
وَارْض بطْلَعْ مِنْها لَهَبْ
بِاللَّهَبْ فُولاذْ وَشَنَبْ
بِالذَّهَبْ جَواهِرْ وَنَسَبْ
عِشْ عَلَى أَرْض لِخْضَارْ وَعِمْرانْ وَحَسَبْ
يَأْتيكَ اُلسَّلَامُ مِنْ حَيْثُ لَا يُحْتَسَبْ
٢٠٢٢/٧/٣

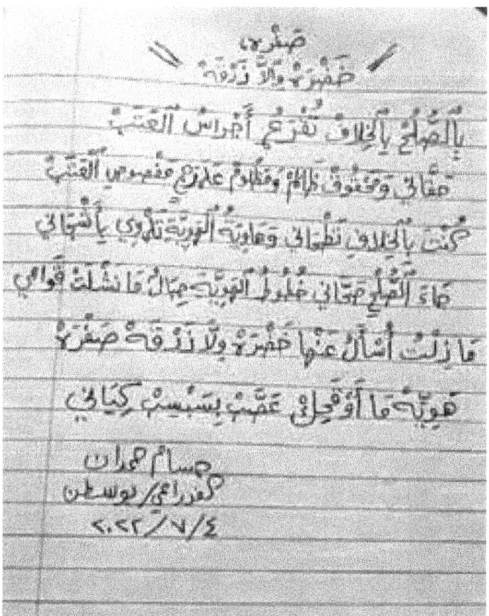

صَفْره

خَضْرَهْ ولَّا زَرْقَهْ

بِالْصُّلُحْ بِالْخِلاف تُقْرَعُ اَجراسُ الْعَتَبْ

حَقّاني وَمَحْقوقْ ظَالِمْ وَمَظْلومْ عَادَرِجْ مَفصوص الْعَتَبْ

كُنْتَ بِالْخِلاف تَطْحَاني وَهَاوِيَة الْهَوِيَّة تَدْوي بِأَشْجَاني

جَاء الْصُّلُحْ صَحَاني خُطوطُ الْهَوِيَّة حِبَالْ مَا نَشْلَتْ قَوامِي

مَا زِلْتُ أَسْأَلُ عَنْها خَضْرَهْ ولَا زَرْقَهْ صَفْرَهْ

هَوِيَّةْ مَا أَوْقَحِكِ عَصَّبْ بِسَبِسبْ كِيَاني

٢٠٢٢/٧/٤

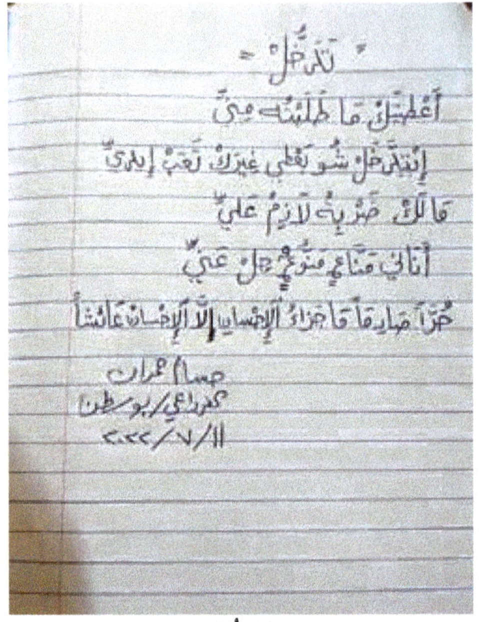

تَدَخُّلْ

أَعْطيتَكْ مَا طَلَبْتُه منّي

إِبْتِدَّخَلْ شُو بَعْطي غيَرك تَعَبْ ايديٍّ

مالَكْ ضُربة لازمْ عَليٍّ

أَنَاني مَنَّاع مَنُّوع حَلْ عَنيٍّ

حُرّاً صَادِقاً مَا جَزاءُ اُلْاحْسَانْ اِلَّا اُلْاِحْسَانْ عَائشاً

حسام حمدان

كفرراعي / بوسطن

٢٠٢٢/٧/١١

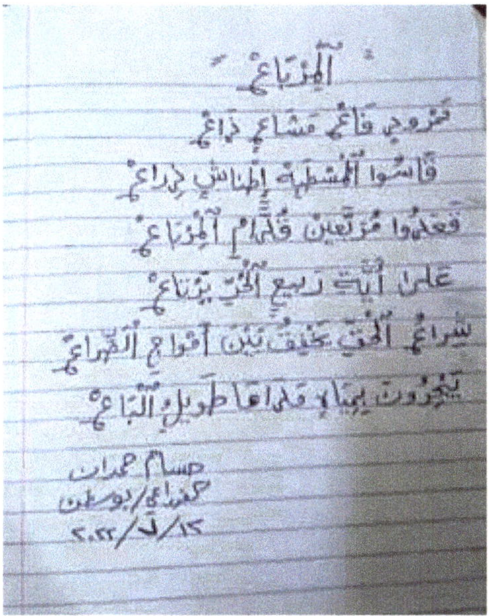

اَلْمِزْبَاعْ

نَمْرود فَاعْ مَشَاع ذاعْ

قَاسُوا اْلمَسْطبهْ اطنَاشْ ذَارِعْ

قَعَدُوا مُرَبَّعيْن قُدَّام اْلمِزْبَاعْ

عَلَى أَيَّة رَبيع اْلحُرَ يَرْتَاعْ

شِراعُ اْلحقّ يَخْفِقُ بَيْنَ اَمْواج اَلصُّراعْ

يَبْحُرونَ بِميَاه مداها طويلُ اْلبَاعْ

حسام حمدان

كفرراعي / بوسطن

٢٠٢٢/٧/١٢

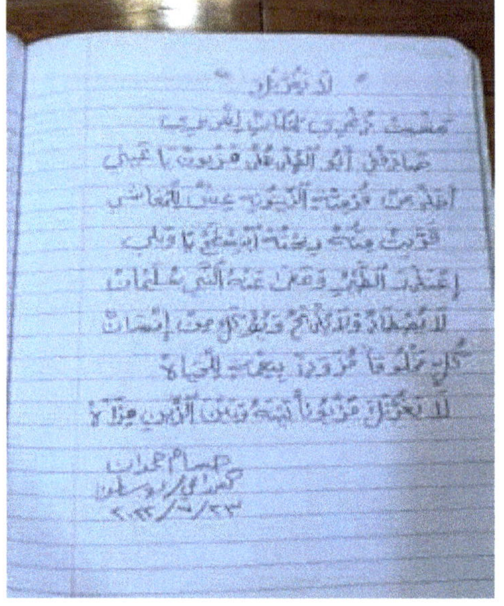

«لَا يَغُرَّنَكَ»

مَشيتْ دُغْري لمَكَانْ لغريري

صَادَفْني أَبو الْهُدْهُدْ مَزْيونْ يَاعَيني

أَخَدْ من قُرْميِّه الْزِّيتُونه عشْ للْمَعَاشي

قَرَّبتْ منُّه ريحْتُه اْبْتَسْطَح يَا ويلي

إعْتَذَرَ الْطَّيرْ وَعَفَى عَنْهُ الْنَّبي سُلَيْمانْ

لَايُصْطَادُ ولا يُذْبَحْ وَيُؤْكَلْ منْ إِنْسَانْ

كُلِّ مَخْلُوقاً مُزَوَداً بنعْمَة للْحَياهْ

لَا يَغُرَّنَكَ مَزْيُوناً بَيْنَهُ وَبَيْنَ الْزَّينِ مِرآهْ

حسام حمدان

كفرراعي/بوسطن

٢٠٢٢/٧/٢٣

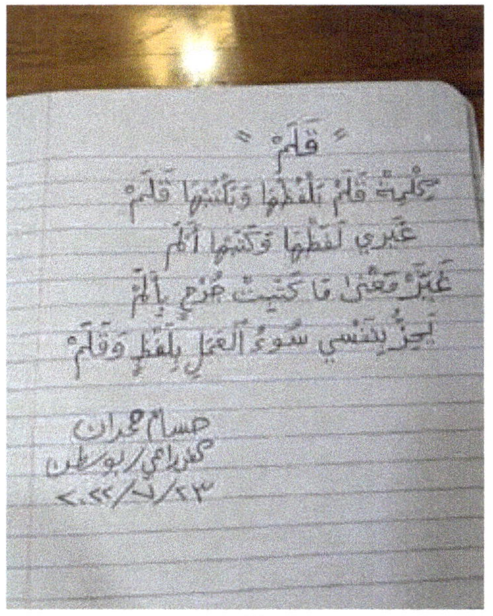

«قَلَم»

كَلِمَةْ قَلَمْ بِلْفُظْهَا وَبِكْتُبْهَا قَلَمْ

غَيِّرِي لَفَظْهَا وَكَتَبْها أَلَمْ

غَيِّرْ مَعْنىَ مَا كَتَبتْ جُرْح بِأَلَمْ

يَحِزُّ بِنَفْسِي سُوءُ الْعَمَل بِلَفْظٍ وَقَلَمْ

حسام حمدان

كفرراعي / بوسطن

٢٠٢٢/٧/٢٣

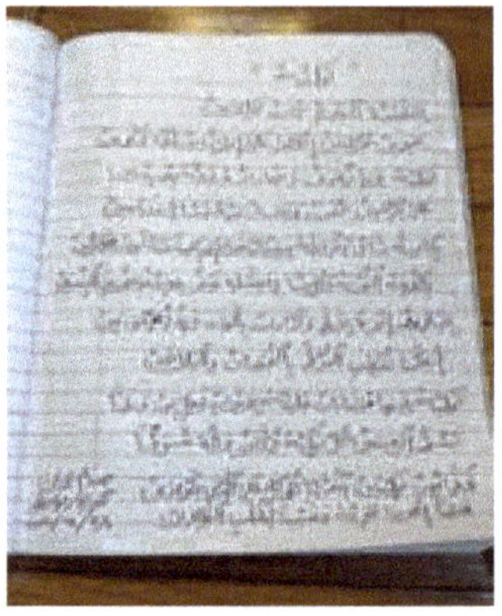

«نَمليَّهْ»

بِمَطْبَخْنا الْقَديمْ كانْ نَمْلِيْتين

بِحَجْمين مُخْتَلِفِينْ إنْعَمَلْنَ عَلىَ إيدينْ مِنْ بَلَدْنا نَجَّارين

نَمليَّهْ فيها رفُوفْ وَجوارِيرْ وَدَفّهْ بِصُرعْتين

عَلىَ الْرفوفْ صُحونْ وكَاساتْ مَيّهْ وَشايْ وَفناَجينْ

بِكاسةْ شَايْ اُفْراطَهْ وبِفْنجانْ خَواتِمْ وبِكاسةْ مَيّهْ لِيراتْ مخَبيَّيْن

بالَدّفهْ التَّحْتَهْ الْكُلْ مِنَّا داحْشِلوا غَرَض بدونْ اعْتِراض مَنْ الجِنْسينْ

بِجَارورْ إِبرِهْ بخَيطْ وكَرَّاراتْ بأَلْوانْ وَبنُودْ مِلوَنيْنْ إِتعَلَّمْنا نُقْطِب الْفُرُطْ

بالْقُمْصانْ والْبَلَاطينْ

نَمليَّهْ فيها مُرَتَّبانَاتْ مَلِيئَهْ بخْيَراتْ بعلْ منْ وَطنَّا

تَسُرُّ الْعينين كُلْ نَمليَّهْ دُكَانْ بحَالَهْ شَرَفْنَا

قُدَّامِهنْ نَمْليَتينْ اُتْعوَّدْنا نُوكِلْ عَلىَ الْأَرْض مكَرْمزين

سَبباً إِجرينَا قويَّهْ وَشبِّينَا لطَلَب الْوَالِدينْ

حسام حمدان

كفرراعي /بوسطن

٢٠٢٢/٧/٢٨

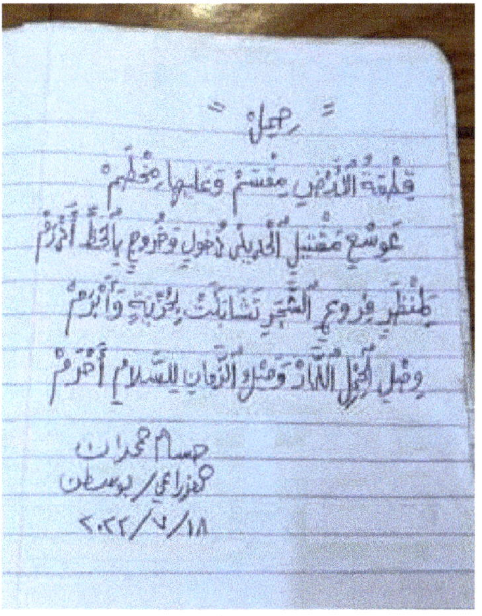

«حمل»

قِطْعَةُ الْأَرْضِ مقَسَّمْ وَعَليها مخطَّمْ
عَوسَعِ مَشْتيلِ الْحديدْ دُخول وَخُروج بالْحظّ أَدْرَمْ
لَمنْظَرْ فروعِ الشَّجَر تَشَابَكَتْ بحُرِّية وَأَبْرَمْ
وِصْلِ الْحِمْلِ الدَّارْ وَمَيْلُ الزَّمانِ للسَّلامِ أَحْرَمْ

حسام حمدان

كفرراعي / بوسطن

٢٠٢٢/٧/١٨

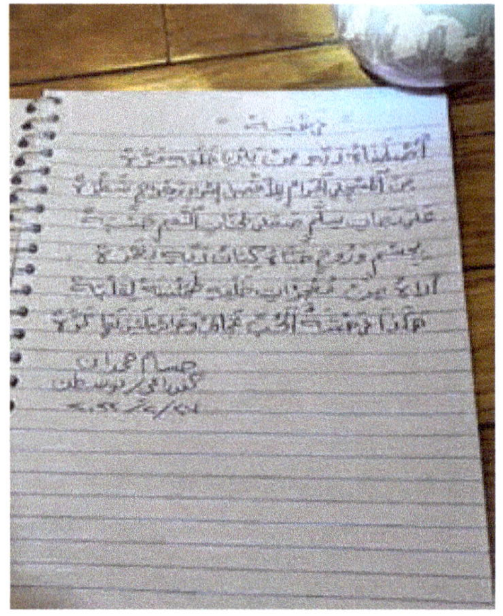

«دَهْشَهْ»

أُصْطَفاهُ رَبُّه مِنْ بَيْن خَلْقه مرَّهْ

مِنَ الْمَسْجد الْحَرام للأقْصى إسْراء وَمعْراج شَطْرَهْ

عَدَرَجات سلّم لجنّاتَ الْنَّعيم حَسْبَهْ

بجسْم وَرُوح حَيَّاهُ كيَانُ رَبُّه بغَمْرَهْ

أراهُ مِنْ مَعْجزَات خلْقه طمَئْنينَهْ لقَلْبَهْ

هَكَذاَ دَهْشَهُ الْحُبُّ عَجائبْ وَغرائبْ لَيْسَ لَهَا كَرَّهْ

حسام حمدان

كفرراعي / بوسطن

٢٠٢٢/٢/٢٠

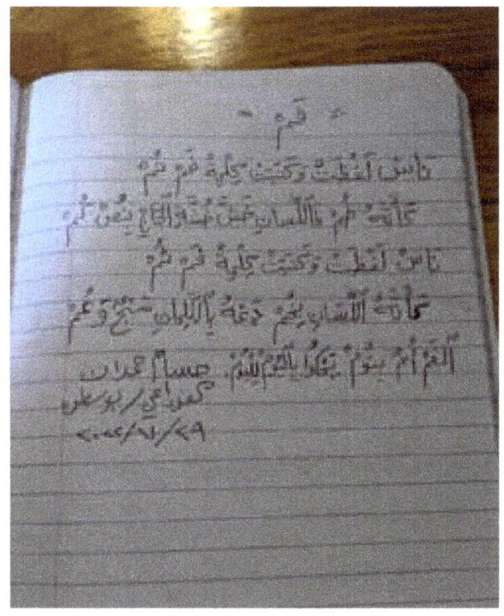

فَمْ

نَاسْ لَفْظَتْ وَكَتَبَتْ كِلْمَةْ فَمْ ثُمْ

كَأَنَّهُ طُمْ فَآلَّسَان خَشَّ خُشَّةَ آلجَاج بِنُصْ كُمْ

نَاسْ لَفْظَتْ وَكَتَبَتْ كِلْمَةْ فَمْ ثُمْ

كَأَنَّهُ آللَّسَان بِحُمْ دَعْهُ بِآلكَلِمات سَبْحْ وَعُمْ

آلفَمْ أُمّ بِتُومْ يَحْكُوا بِآليُومْ لِليُومْ

حسام حمدان

كفر راعي / بوسطن

٢٠٢٢/٧/٢٩

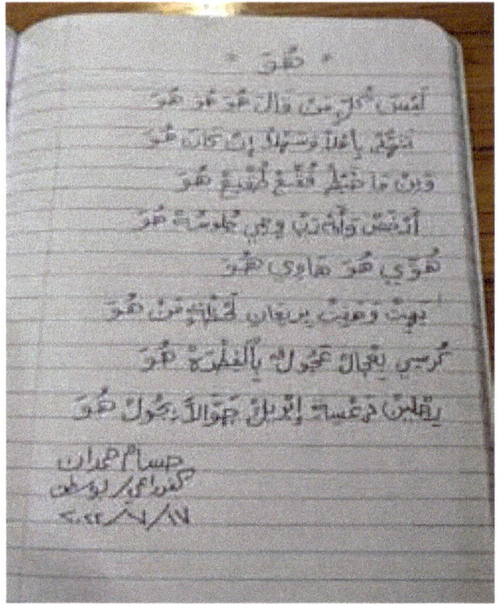

هُوَ

لَيْسَ كُلُّ مَنْ قَالَ هُوَ هُوَ هُو
تَنَهَّدْ بِأَهْلاً وَسَهْلاً إِنْ كَانَ هُوَ
وِينْ مَا خَبَطْ فقيع طُقِّيعْ هُوَ
أَرْخَصْ وأَchi رَبْ وجِي جُلوسُهْ هُوَ
هُوّي هُوَ هَاوِي هُوَ
بَهِتْ وَهَفِتْ بريعان لَحْظْلة مَنْ هُوَ
كُرسِي بِعْجالْ عَجُولٌ بِآلفطرَه هُوَ
رِجْلِينْ دَعْسِة إبْريك جَوَّالاً بِجُولْ هُوَ

حسام حمدان

٢٠٢٢/٧/١٧

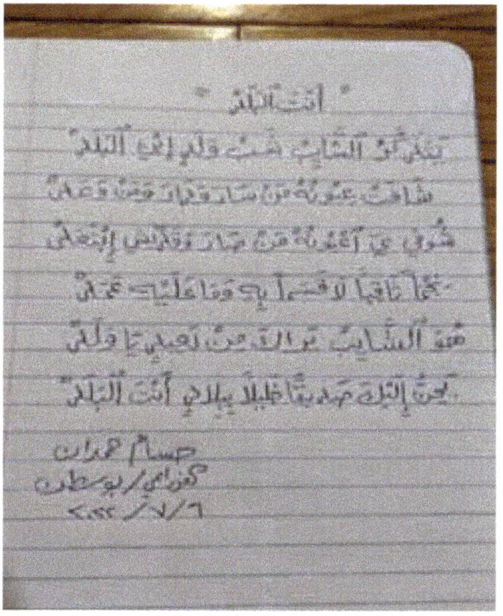

أَنْتَ آلبَلَدْ

يَتَذكَّرُ آلشّايبْ شَبْ وَلَد إِبْن آلبَلَدْ
شَافَتْ عيُونُهْ مَنْ سَارَ وَدَارَ وَمَنْ وَعَدْ
شُويِّ يَ آعْيُونُهْ مَنْ صَارَ وَقَدِّيش إِبْتَعَدْ
نِجْماً ثَاقباً لَا قَسَماً به وَمَا عَلَيْه عَمَدْ
هُوَ آلشّايبْ يَراك مَنْ بَعيد يَا وَلَدْ
يَحِنُّ إِلَيْكَ صَديقاً خَليلاً بِبِلادِ أَنْتَ آلبَلَدْ

حسام حمدان

٦-٧-٢٠٢٢

على وَشَكْ؟!
مَلَكٌ أَجَى عَدَارْنَا
رَاحْ عَلَى آلصِّيرَة وتْفَقَّدْ آلبَرِّي وآلأَليفْ بِأَطْرافْنَا
شَافْ آلْمَكْرْ بِآلمَيّهْ مَلَانَا
وآلْمَدْوَدْ بِتبِنْ مِنْ سبِرْنَا قُبَّانَا
مَشى بلقْطانْ وَفَاتّ بدَارْنَا
فَتَحْ آلخَزاينْ وآلجَوارِيرْ فَعْفَلْ آغْراضْنَا
نَصْبةْ لفْراشْ طَوِيلهْ وَعَريضهْ فيهَا أَسْرارْنَا
حَطّةْ إمّي بَلَابلْ وبِعَطّرْ آلذِّكْرِيات بَاحَتْ أَعْمَارْنَا
رَدّ آلحطّهْ عَكتْفِينُهْ لَبْعيدْ طَارْ بجِنْحِينُهْ
بِغُرْفَة آلإِنْعاشْ يَدُورْ رُوحِكْ حَجّهْ يَا نَارْنَا
حسام حمدان
٢٤-٦-٢٠٢٢

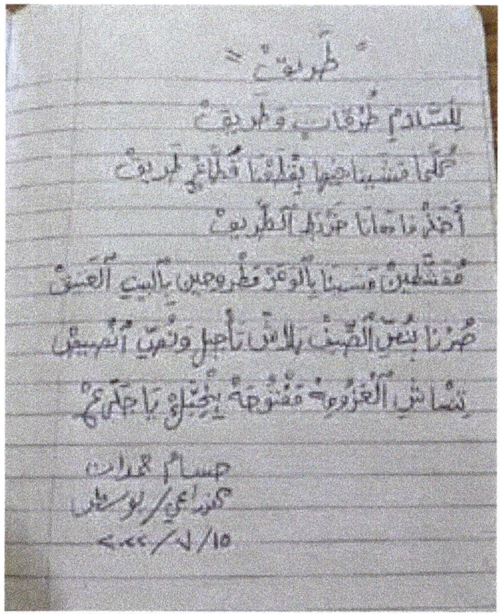

طَريقْ

للسَّلام طُرُقَات وَطريقْ

كُلَّمَا مَشَينا فيها بقْطَعْنَا قَطّاعْ طَريقْ

أَخَذْ مَا مَعانَا خَرْبَط آلطَّريقْ

مُقَشَّطِينْ ،مَشَينا بآلوَعَرْ مَطْروحِين بآلبيت آلعَتيقْ

صُرْنا بنُصِّ آلصَّيفْ بَلاشْ تَأْجيل وَنُصِّ آنْصِيصْ

تِنْساشِ آلعَزُومِهْ مَفْتُوحَهْ بِنْحِبَّكْ يَا جَدَعْ

حسام حمدان

١٥-٧-٢٠٢٢

كَم آلسَّاعَهْ

آفطِنا …بِرَمْشةْ عَيْنَ وَمرَّةْ غيمْ نَسْأَلُ كَم آلسَّاعَهْ؟

أَدْرَكنا آلزَّمَنْ أَعْطينا آلْواقِعْ مَكَانْ لَلَحنْ وَشَجَنْ

هَلْ صَحِّينا آلنِّسْيانْ وَأَوْحى عَتَبْ

أَمْ فعْلاً نَسينَا وآنْسينا آلسَّبَبْ

عَقْرَبُ آلسَّاعَه بحنْ بذاني بصنْ

دَنْدَنَةْ حَقْ لا تَنْسَى يَا وَلَدْ إنْسْ وَجِنْ

٢٠٢٢/١/١٧

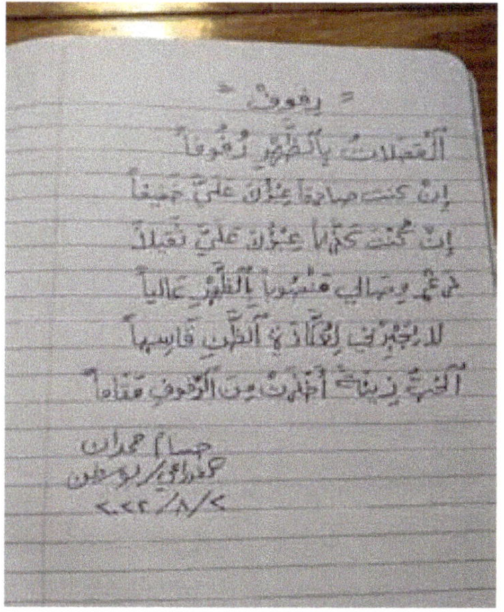

رفوفْ

آلعَضَلاتُ بِآلظّهْرِ رُفُوفاً

إنْ كنتَ صادقاً عبْؤُكَ عليَّ خَفيفاً

إنْ كُنْتَ كَذّاباً عبْؤُكَ عليَّ ثقيلاً

دَعْ وصالي مَنْصُوباً بِآلظّهْرِ عَالياً

لا تجْبِرْني لِعُكّازَةِ آلظّنِ قَاسياً

آلحُبُّ زِينَةَ أَخَذَتْ مِنَ آلرّفوفِ مَقَاماً

حسام حمدان

٢-٨-٢٠٢٢

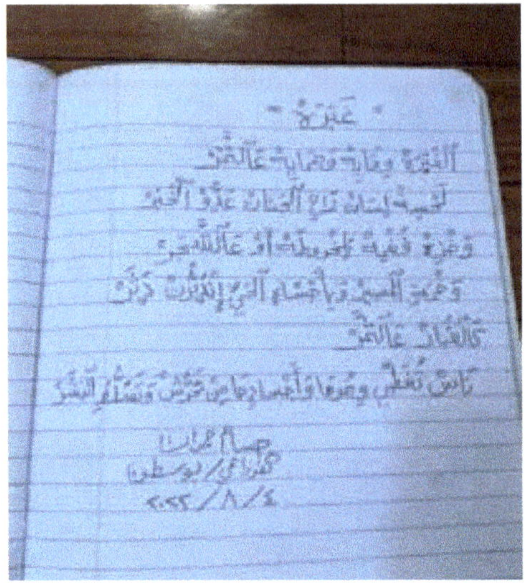

«غَبَرَهْ»

آلغَبَرَهْ وقَايهْ وَحمَايهْ عَالْثَمَرْ
لَحْسهْ لسَانْ رَاح اُلْحنَانْ عَدُوْ اُلْخَبَرْ
وَخْزهْ فَغْمهْ لمَخْروطهْ أَوْ عَالْشَّجَرْ
وَخْمهِ اُلمَصيروَبِأَحْشَاء اُلْحَيِّ إنْدَثْرتْ دَثَرْ
كَاُلْغُبَارْ عَالْثَمَرْ
نَاسْ تُغَطِّي وِجُوهَا وَأَجْسَادِهَا مِنْ تَحرُّشْ وَتَسَلُّطِ اُلْبَشَرْ

حسام حمدان
كفرراعي /بوسطن
٢٠٢٢/٨/٤

الخريف والصيف

ما أزعله الخريف والصيف سيصلحه الربيع والصيف.

الأرض عزيزة نفسها تدرك العز والخوف والحيف.

حسام حمدان

كفرراعي / بوسطن

٢٠٢٢/٤/٢٢

أشجارنا

ظنوا بقطع أشجارنا يقطعون صلتنا بأرضنا وتاريخنا وتراثنا، لم يدركوا بأن الدوائر على الجذوع تخبر عن أعمار الشجر. مع الزمن، تدور الدوائر على ناكر الحق وعابث بكيان وقيم. ما زال لنا جذور لجذوع.

حسام حمدان

كفرراعي / بوسطن

٢٠٢٢/٤/١٤

الجمعة

ننتظر الجمعة كما تنتظر الأرض المطر. رائحة الجفاف بالمطر كرائحة إبليس بالطفر. مطرت السماء وخرج النسيم من حر فجر. طابت جمعة مباركه بنور الرب وطلة قمر.

حسام حمدان

كفرراعي / بوسطن

٢٠٢٢/٠٧/٢٨

الفأس والمنكوشه

قلنا للفاس والمنكوشه العراد والكلوشه تقاعدن من إيدين أمي. حطينا بين أصابع إيدها قلم لعلها تكتب وبيوم تعبر عن عالمها الأمي-ربما بقصيده أو بترويده.

سنة ٢٠١٥ كان عمرها ٩٠ سنه، بدينا معها من صفر لعشره. عند رقم سبعه أخذت عفارم وسبعت إيديها.

حفظلك الرحمن ورعاك يمه.

حسام حمدان

كفرراعي / بوسطن

٢٠٢٢/٧/١

الفهرس

الإهداء ٤

تعايش ٥

لعبة كفر راعي ٦

اسراحه ٧

ازرع ٨

الواحد أحد ٩

قاعة الأفراح ١٠

خاطره ١١

ادراس ١٢

غضب ١٣

لعتبه ١٤

مفترق ١٥

حمائم ١٦

صمود ١٧

مرابطين ١٨

داليه ١٩

لا للحرب ٢٠

لجام ٢١

لوحه ٢٢

لا توعى ٢٣

همي ٢٤

سعرك ٢٥

مختار ٢٦

مدوره ٢٧

معاهدات ٢٨

طوبى ٢٩

يوم المرأه ٣٠

هويه ٣١

ابياره ٣٢

شظايا ٣٣

اعراش ٣٤

بالدنيا ٣٥

الطابون ٣٦

عصيان ٣٧

عش ٣٨

روافد ٣٩

دعوة ٤٠

كبس ٤١

ستائر ٤٢

عبقعة ٤٣

إنسان ٤٤

إنطباع ٤٥

أمثال وأقوال بصف المدرسه ٤٦

بالعتمه ٤٧

سؤال ٤٨

أيلول ٤٩

بمكان ٥٠

خطاب ٥١

ربنا ٥٢

احمارتنا ٥٣

اغتيال ٥٤

الإراده ٥٥

إحتلال ٥٦

أبوي ٥٧

عملك ميسور ٥٨

قديش الساعه ٥٩

عند الجد ٦٠

خبرتي ٦١

حب ٦٢

قمباز ٦٣

عسطري ٦٤

مزهرية ٦٥

إنحناء ٦٦

هنيئاً ٦٧

مطبات هوى ٦٨

منادي ٦٩

هدى البلبل عالرمان ٧٠

مهما كبرنا ٧١

جبل كفرراغي ٧٢

شرط برضى ٧٣

أمي ٧٤

صداقه ٧٥

بنقطه وفراغ ٧٦

علمين ٧٧

بالمرض ٧٨

مقاس ٧٩

مدفاش ٨٠

مرتاحه ٨١

وطن ٨٢

هل من كرَه ٨٣

مثل بكفر راعي ٨٤

عام ٣٠٢٢ .... ٨٥

رقيق ٨٦

صحو ٨٧

خاطره ٢ .... ٨٨

بعدين ٨٩

قعدة اختياريات ٩٠

ادخل ٩١

مناضل ٩٢

ذكرى ٩٣

قطار ٩٤

كانون ٩٦

طير ٩٧

موchره ٩٨

لأ ... ولن ٩٩

هدية العيد ١٠٠

نكش ١٠١

بالحب ١٠٢

برطله ١٠٣

فكر.. ١٠٤

مظلحchي ١٠٥

طاقه ١٠٦

جمعة ثلج ١٠٧

وعد ١٠٨

كل جيل ١٠٩

يا ليت ١١٠

خربطه ١١١

مفاجأه ١١٢

حياة ١١٣

نعم ممكن ١١٤

صفره، خضره، والاَ زرقه ١١٥

تدخل ١١٦

المرباع ١١٧

لا يغريك ١١٨

قلم ١١٩

نمليه ١٢٠

حمل ١٢١

دهشه ١٢٢

فَمْ ١٢٣

هُوَ ١٢٤

أَنْتَ آلْبَلَدْ ١٢٥

على وَشَكْ؟! ١٢٦

طَريقْ ١٢٧

كَمِ آلسَّاعَهْ ١٢٨

رِفوفْ ١٢٩

الخريف والصيف ١٣١

أشجارنا ١٣٢

الجمعة ١٣٣

الفأس والمنكوشه ١٣٤

هذا الكتاب صدقة جارية عني
وعن والدي وعن والدَيَّ

حسام حمدان